跨境物流
SO EASY

樊 刚 主编

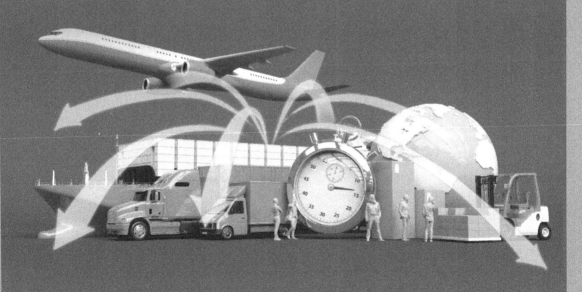

中山大学出版社
·广州·

版权所有　翻印必究

图书在版编目（CIP）数据

跨境物流 SO EASY/樊刚主编. —广州：中山大学出版社，2022.4
ISBN 978-7-306-07448-5

Ⅰ.①跨… Ⅱ.①樊… Ⅲ.①物流管理 Ⅳ.①F252.1

中国版本图书馆 CIP 数据核字（2022）第 032572 号

出 版 人：	王天琪
策划编辑：	曾育林
责任编辑：	梁嘉璐
封面设计：	曾　斌
责任校对：	陈　莹
责任技编：	靳晓虹
出版发行：	中山大学出版社
电　　话：	编辑部 020-84110776，84113349，84111997，84110779，84110283
	发行部 020-84111998，84111981，84111160
地　　址：	广州市新港西路 135 号
邮　　编：	510275　　　　　传　真：020-84036565
网　　址：	http://www.zsup.com.cn　E-mail:zdcbs@mail.sysu.edu.cn
印 刷 者：	广东虎彩云印刷有限公司
规　　格：	787mm×1092mm　1/16　7.25 印张　130 千字
版次印次：	2022 年 4 月第 1 版　2023 年 8 月第 3 次印刷
定　　价：	38.00 元

如发现本书因印装质量影响阅读，请与出版社发行部联系调换

序

横空出世的"至尊达",在引爆跨境物流市场的同时,帮助联宇从跨境物流圈中脱颖而出,成为圈内的头部企业,被"跨境百晓生"评为2020年度"FBA物流十强企业"。综观联宇十几年的发展,大体分为两个阶段——传统物流和跨境物流。

传统物流要从2003年说起。某知名物流企业的东莞分公司获得了当年整个集团的销售冠军,在这家分公司中,有这样一个业务小组,带头人叫Ali,他有一个徒弟叫Nicky,他还有一个组员兼前同事小樊,也就是我。我们三个人相互支持、共同奋斗到了现在。

2003—2010年,传统物流行业还处于门槛比较低的蓝海期,只要有固定的资源和一定的启动资金,就可以自己出来创业,收益也较为可观。所以当时的Nicky和我先后离职创业,只有Ali还在原公司任职,直到2012年。

当时的我们对未来并没有太多的想法,想得最多的就是吃喝玩乐的事。因此,即便在2010年,当Nicky带着Ali的小舅子和我一起注册联宇物流时,我们也还是抱着小富即安的心态,并没有太多的规划。直到2011年,作为公司老板的Nicky提出调整股份架构,重新创业,故事才开始有了新的变化。

2010—2015年,因为物流业务比较好做,我们的团队不断壮大。但随着主营业务——中港物流的需求逐年减少,公司的发展也遇到了瓶颈。大家探讨后,决定由我代表联宇成立单独的项目小组,开始探索尝试一些新的物流模式。

创业从来都不会一帆风顺。由于没有做充分的市场调研和客户定位,公司的业绩非常差,每个月都处于亏损状态,也一直找不到合适的突破口。这是我第一次品尝到难以言说的挫败感。值得庆幸的是,一个偶然机会让我接触到了跨境物流。自此,联宇物流正式进入跨境物流的赛道,伙伴们也开始思考该用怎样的方式更好地经营公司。联宇物流进入了产品的草创时代。

2015—2016年,由于亚马逊平台的崛起,市场开启了以价格昂贵的空运派送(简称"空派")服务为主的亚马逊物流配送(fulfillment by Amazon,FBA)模式,主流的跨境电商渠道由四大快递公司运营:DHL、UPS、

FEDEX、TNT。到了 2016 年下半年,市场上开始出现美线空派专线,一种头程用空运集中到美西、美中或美东的某个机场,尾程再用当地 FEDEX 或 UPS 渠道派送到全美的亚马逊仓库的物流方式。这种物流方式在 2017 年迅速成为美线市场的主流。

而在同一时期,联宇没有打造任何自己的专属渠道,只是为了满足客户的需求,找到相对靠谱的物流公司,赚取利润差价。因为面对的都是中小型直客,价格非常低,而且需求多,普遍需要账期,自身抗风险能力又比较弱,很多卖家跑路了,所以出现了很多坏账,结果并不是很理想。不过借此机会,我们对市场上的物流渠道都有了大致的了解。我们发现,对于专门炒货的物流商来说,有两大关键:一是渠道的稳定性,二是客户的应收款。如果没有它们,我们谈判的话语权就非常小,而且经常被合作商和客户牵着鼻子走。在此情况下,几位合伙人商讨后,共同决议——联宇物流要打造属于自己的产品。于是,根据业务需求,联宇物流在 2017 年 4 月推出了属于自己的产品:美线空派。

当时的东莞正在做产业升级转型,对跨境电商的扶持力度很大,用非常优惠的条件吸引电商卖家入驻,所以当时各个镇区出现了大大小小的跨境电商产业园。电商产业园的企业基本比较对口,再加上有优势的价格和周到的服务,很快就能让电商产业园的大部分客户试单。联宇物流最早的一批电商客户就这样诞生了。

但是,这场风风火火的产品创新,半年后就因为亏损和投诉而黯然收场。没有充分的市场调查、没有客户需求研究、定位不清晰是这次失败的主要原因。这是我在打造产品上的第一个失败案例。

作为打造整个产品的负责人,我天天忙于处理各种异常状况,没有从源头抓供应和整个产品的定位。由此可见,盲目地去做一个市场同质化的产品,而没有充分的市场定位,失败是必然的。

2017 年底,在打造空运产品失败后,我的项目小组陷入了产品的真空期。当时亚马逊商户需求旺盛,客单价下降,很多卖家开始尝试走海运的渠道,加上空运资源紧张,市场上开始出现用美森公司的船装空运货的现象。美线海运有三个特点:一是当时船公司的价格稳定,舱位充足,全年的供应非常稳定;二是清关透明,操作难度小;三是美国作为全球最大的电商市场,需求旺盛。

充分讨论后,我们正式决定从美线海运入手打造新的跨境物流产品。于是,联宇物流的第一个成功产品案例——美国 FTW1 专线于 2018 年初正式上线。FTW1 专线作为联宇物流的第一个引流产品无疑是成功的。它为联宇

序

物流带来了知名度,同时因为定位精准,与同行之间形成了互补;也为以后的产品打造提供了思路——一定要做精、做专。当时我们花了 6 个月左右的时间专门做这一条线,有了一定的市场知名度后,逐步推出我们的 ONT8 专线、海派专线,再到以后更多的美线海运产品。可以说,FTW1 专线是联宇物流跨境之路的第一个里程碑。

联宇物流对于产品和自身的定位逐渐清晰和明确起来,从满足一个客户的所有需求到满足所有客户的一个需求,从"我"找客户到客户找产品自行匹配。

2018 年底,独自在美国的我有了一个安静的环境来思考下阶段产品的突破口。联宇物流在 2018 年 10 月就开设了自营海外仓,并且对卡车派送(简称"卡派")也有了一定的理解,于是开始推出以美森快船和长荣定提为主的快线卡派服务,取名限时达,用美森做头程的就叫美森限时达。

刚刚开始推出这个产品的时候,因为海外仓的整个团队还没有快速交仓的服务意识,还不适应这种派车方式,所以经常会出现时效延误,产生赔偿。团队成员(包括我)对于如何处理赔偿没有心理准备,就出现了"能拖就拖,客户提出就赔,没提就不赔"的现象,导致卡派的整体时效不高。这个时候我恰巧在国内,海外仓出现了各种问题,甚至在 2019 年 9 月出现了月赔偿金额超 10 万元的严重事态。于是 2019 年 10 月,我又重回美国,亲自抓卡派的后端派送问题,把被动赔偿改为主动赔偿,让团队的成员意识到事态的严重性,这种做法在很大程度上倒逼了我们整个团队的服务升级。

2019 年 11 月以后,联宇海外卡派渠道趋于稳定,准达率超 95%,美森限时达甚至高达 98%,在市场上赢得了客户的信任。联宇物流的跨境之路终于走上了快车道,我们从刚开始的一周几条货柜到 2019 年底单月货柜量破百。

2019 年 12 月,我们确定卡派为联宇物流在美的派送方式。而 IT 出身的 Nicky 的情怀与坚持,让早在 2015 年就开始研发的自主物流系统在这一刻成为联宇物流最核心的优势。

2020 年,疫情的严峻加大了网购的需求,再加上美国政府不断推出的现金扶持政策,直接使跨境电商出口暴涨,从 2 月的恐慌到 4 月底的爆仓,只经历了短短的 2 个月。

疫情引起美国后段 UPS 和 FEDEX 仓库出现严重爆仓,提取非常慢,我们的美森限时达因时效稳定,从最开始的 2~3 条货柜/周的量,很快上升到最高 30 条货柜/周的货量,并出现一仓难求的情况。而联宇物流的另一款产品——日本新干线,因为渠道新颖,性价比高,甚至出现了需要提前 2 周

预订舱位的情况。联宇物流的跨境之路因此加速向前，出现从以前的单月 100 条货柜到下半年的单周破百的情况，整个跨境电商生态成为疫情期间数受益的行业之一。

2020 年 4 月，联宇物流加大市场普货的开发力度，以每月新增 300 家以上的客户速度迅速扩大规模。也是在这时，联宇物流迅速成长为美线跨境物流的头部企业。

2020 年 11 月，联宇物流联合知名快线船公司和盐田码头一起重磅推出王牌产品——至尊达。这是联宇物流通过近 2 年的沉淀打造的一款确保所有异常产生的时效延误赔偿的极速卡派服务，其一经问世就供不应求，并创造了迄今为止准达率接近满分的时效奇迹（查验除外）。

至尊达解决了利用海运快速补货的难题，成为卖家用来代替空运渠道的一款海运产品，并成功提升了联宇物流在市场上的品牌定位，让联宇物流成为美线高端海外卡派服务的代言人，Nicky 经常接到海外朋友打来的咨询至尊达产品是如何做到的电话。

如果说 2020 年是跨境电商的元年，那么 2021 年就是联宇物流新征程的起点。

2021 年初，Nicky 和他的团队敏锐地察觉到市场的需求，果断租下比老仓大 3 倍的海外仓，用以解决卖家日益增长的海外仓大货中转需求。

我们始终坚信，联宇可以凭借解决卖家实际需求的物流产品来提升自身在跨境生态圈的影响力。同时，我们也不断加速国内外网点和海外仓的布局，并尝试去联合所有用心做物流的同行，一起营造一个健康的物流生态，用心载物，让货物流通像生活一样的自然。

联宇物流的品牌时代才刚刚开始，总的来说，联宇物流的今天是所有联宇物流员工共同努力的结果，是市场选择的结果。联宇物流只是恰逢其时地在正确的时间节点，用了正确的人，做出了正确的选择。本书以联宇物流的发展和运作模式作为蓝本，为广大同行同业提供一些参考。合作共赢才是联宇物流"赢"在未来的方向。

樊　刚

2022 年 1 月

目　录

第一章　传统物流与跨境物流的区别 ··················· 1
　　一、物流需求演变 ····································· 1
　　二、经营思维的区别 ··································· 1
　　三、物流时效及物流成本需求的区别 ····················· 2
　　四、运营模式的区别 ··································· 2
　　五、资金管理及运用 ··································· 2

第二章　跨境物流市场分析 ··························· 4
　　一、公司战略定位 ····································· 4
　　二、如何根据趋势打造产品 ····························· 4

第三章　美国海运 ································· 6
　　一、美国 FBA 海运头程 ································· 6
　　二、市场需求 ··· 6
　　三、产品研发 ··· 8

第四章　智慧物流管理系统 ··························· 11
　　一、跨境电商物流系统的由来 ··························· 11
　　二、Morelink 的起源 ·································· 11
　　三、Morelink 系统功能详解 ···························· 12
　　四、跨境电商物流系统的价值 ··························· 15

第五章　年销售过亿元的营销方案 ····················· 17
　　一、人的价值 ··· 17
　　二、流的价值 ··· 19
　　三、"人流合一" ······································ 21
　　四、成交合作 ··· 22

第六章 客服接单流程 ………………………………………… 25
一、订单受理 …………………………………………………… 25
二、订舱流程 …………………………………………………… 27
三、提货与客户自送货 ………………………………………… 28
四、货物入库 …………………………………………………… 29
五、数据确认 …………………………………………………… 31
六、资料审核 …………………………………………………… 34
七、货物状态跟踪 ……………………………………………… 37
八、单证回传 …………………………………………………… 42
九、费用结算 …………………………………………………… 47
十、常见问题 …………………………………………………… 47

第七章 分拨中心 ……………………………………………… 49
一、常用词汇、标签 …………………………………………… 49
二、仓库人员架构 ……………………………………………… 50
三、操作流程 …………………………………………………… 51
四、SOP 流程 …………………………………………………… 57
五、仓库管理 …………………………………………………… 61

第八章 FBA 头程操作 ………………………………………… 63
一、操作流程 …………………………………………………… 64
二、关于整柜和拼箱的重要词汇释义 ………………………… 65
三、头程操作流程及规范 ……………………………………… 65
四、尾程操作流程及规范 ……………………………………… 73

第九章 海外派送情况 ………………………………………… 80
一、美日欧清关概况 …………………………………………… 80
二、美国洛杉矶码头情况 ……………………………………… 82
三、美国的派送方式 …………………………………………… 84
四、美国海外仓库内作业流程 ………………………………… 86

第十章 收款与结算 …………………………………………… 97
一、如何选择跨境电商物流收款方式 ………………………… 97
二、跨境电商物流收款流程 …………………………………… 98

三、跨境电商物流和客户结算方式 …………………………………… 99
　四、跨境电商物流财务结算流程 …………………………………… 99

第十一章　跨境电商物流未来发展趋势 ……………………………… 101
　一、资本的作用 …………………………………………………… 101
　二、科技与智能 …………………………………………………… 102
　三、全产业链解决方案 …………………………………………… 102
　四、海外资源是核心竞争力 ……………………………………… 102

第一章 传统物流与跨境物流的区别

一、物流需求演变

跨境美线市场主流物流渠道的演变推进过程为：邮政小包—四大快递—空派专线—海派专线、整柜直送、海卡—快船海卡、专线小包—极致快线海卡、空卡、海运小包、海外仓大货中转、海外仓一件代发。

二、经营思维的区别

传统物流经营者请教电商物流老板："跟电商客户洽谈业务时，谈哪些内容呢？"电商物流老板幽默地回答："电商卖家或货主要求很简单，只关注三个问题：仓库什么时间停止收货？几天到达海外目的仓库或买家手上？如果有货损或丢货，如何赔？"

由此段对话我们可以发现，传统物流至跨境电商物流的演变就是卖家或货主对物流环节要求越来越简单，同时把时效和货物安全放在首位，即"只看结果"。

跨境电商卖家或货主"只看结果"，使跨境物流的经营思维随之发生改变。跨境电商卖家或货主对物流的专业认知越来越模糊，不关心什么是截关、什么是ETD和ETA、什么是补料、报关需什么资料、目的地清关文件有哪些、海关为什么会查验等问题，而只一味关心货物什么时候可送达，物流运转环节有不顺时不断提出质疑。这是电商"懒人"时代。而跨境物流经营者为了高质量服务"只看结果"的跨境电商卖家或货主，开始思考如何整合资源，如何做到全程可控，如何做到全程可视。

日新月异的跨境电商需求推动物流经营思维的转变，不断创新。把传统物流的思维转为电商物流思维给传统物流向跨境电商物流转型的物流企业带来了极大的挑战。

三、物流时效及物流成本需求的区别

跨境电商时效=市场占有+现金流。

跨境电商把稳定时效看成生死存亡的首要条件，疯狂到"为了快1～2天的供应争到头破血流，不惜增加物流成本"。

传统物流目的港清关需7～10个工作日，在跨境电商物流界几乎没有市场。

在跨境电商界常听到类似这样的话："如果这个海卡时效快2天并确保货物在截仓前入仓，每千克物流费用可以多加人民币2元。"也就是说，海运每千克增加人民币2元，每柜将增收人民币25000～30000元。

这对于传统物流专家来说，敢想吗？

四、运营模式的区别

跨境电商要求全程路由可控，这迫使跨境电商物流企业要花大量人力和物力进行资源整合自营，特别是海外清关、海外仓、陆运配送等资源自营。资源自营要求对门至门（delivered duty paid，DDP）全链条物流操作了如指掌。

跨境电商要求全程可视（为了让跨境电商卖家或货主可以随时随地查到货物动态），这促使跨境物流企业成立IT研发团队开发适合自身的应用系统，以提高效率。

传统物流的海外代理、人工查询并逐个回复货物动态、人工受理订单、人工账单及销账等思维模式，已远远满足不了跨境电商的需求。为了满足跨境电商需求多元化，跨境物流企业不断研发物流产品，小包、海派、海卡、空派、空卡、一件代发、大货中转、仓存、贴标、销毁等物流产品不断产生。

五、资金管理及运用

一家中型的跨境电商卖家或货主，每天出口货值几十万至几百万元人民币，单量不计其数。而为其提供物流服务的物流企业，通常服务多家同等规模及更多小型的跨境电商公司，每天操作大量订单，在资金管理（应收款）中，是否有漏单？这真的有可能，特别是那些没有全链条使用自动系统管理

账单、收款、付款、销账的物流企业。

对于跨境物流公司，其操作的每一笔物流费用都含海外进口关税和配送费等，而且这些都是用美元结算的成本。高时效海运舱位海运费是普船的数倍，这意味着应收款金额巨大，因此每月应收金额超过亿元人民币的电商物流企业比比皆是（特别是经营小包物流的企业）。在这种经营环境下，传统物流的月结结算方式（月结45天、月结60天、月结90天、月结120天），还能在跨境电商物流中继续实行吗？

鉴于此，跨境电商公司需要思考以下问题：资金周转周期多长才能让公司正常运作？资金运作每月的成本是多少？资金使用风险如何把握？开发新的物流产品或新的国家物流线路时，需要多少资金才能维持正常运作？

第二章　跨境物流市场分析

一、公司战略定位

所有的物流公司都需要在成立时对自己公司未来在跨境物流市场扮演的角色有清晰的定位，因为定位不同，公司的侧重点就不同。比如，若把自己公司定位为物流渠道的整合者，则第一定位肯定是服务，要把服务当成产品来做，把服务做得个性化、差异化和超出客户的想象。

二、如何根据趋势打造产品

（一）选择有广泛用户的市场

联宇物流选择全球最大的市场——美线市场来进行产品打造。这样做的好处是，当产品有特色时，就不缺用户，因为市场足够大；而不是选择一个冷门市场，虽然竞争相对少，但体量不足以维持公司长期稳定的增长。

（二）专注做好一件事情

刚开始就把摊子铺得很大，不聚焦，这样很难把规模做大。形成单一市场绝对竞争力以后，才能开始做全产品线。

（三）给产品起一个响亮的名字

这是达到产品差异化目标的第一步。如果在名字上出现了同质化的情况，客人关注的就可能是价格。

（四）产品分类

将产品分为引流产品、尖刀产品、王牌产品。以联宇物流为例，引流产品就是像 FTW1 这样的产品，用低价来吸引客户。当然，如果王牌产品有特色，也可以当成引流产品。限时达和极速达是我们的尖刀产品，以其高性价比来获取客户的信任。至尊达则是我们的王牌产品。第一，它满足客户对于时效的需求；第二，它拉高了整个公司的品牌形象。总而言之，所谓低的时候就要做到绝对低，快的时候就要做到绝对快，用个性鲜明的产品去满足客户的需求。

（五）客户定位

客户定位非常重要，一家公司做出的产品不可能满足所有客户的需求，所以要服务的就是目标客户。"永远只做一部分客户的生意"是至理名言。尤其是中小型公司，有价值创造才是最正确的。"定价定天下"，这句话送给大家仔细体会。

（六）做客户的终身价值

这一点非常重要。如果我们做产品只是为了赚钱，就容易误入歧途，失去客户的信任，最终只有失败的结局。

（七）顺势而为

提前预判客户的未来需求是每个要将产品做出成果的经理的必修课。比如，联宇物流决定建海外仓和做卡派，并做出了成果。新冠肺炎疫情在全球肆虐的当下，有一个自己的海外仓和稳定的卡派渠道对每个物流商来说是一件极其重要的事情。早在几年前联宇物流就开始研发的应用系统成了联宇物流最核心的竞争力。2021 年，联宇物流对美国全境海外仓的布局也为未来两年的发展打好坚实的基础。

这些都是联宇物流在产品打造过程中总结出来的经验，希望看到这本书的同行们能在产品打造上少走一些弯路。

第三章　美国海运

一、美国 FBA 海运头程

迄今为止，美国的电商市场在全球处于领先地位，并成为整个行业的标杆，许多优秀的美国电商公司引领着全球其他地区网购的发展。美国在互联网和电商领域的统治地位来自其 2.88 亿互联网用户及其广泛的线上购物习惯。美国的消费者已习惯在线上进行商业交易，购买各种各样的商品和服务。美国电商市场很发达，因此电商公司之间的竞争也非常激烈。

亚马逊和 eBay 等大型平台占据主导地位。亚马逊美国站是亚马逊的第一个站点，是最活跃的、最大的市场，FBA 使用率最高，同时也是最受欢迎的零售网站。就流量和人气而言，亚马逊美国站也是亚马逊最受欢迎的站点。它的流量高达 23.1 亿次，在受访卖家中，86% 的卖家表示他们在亚马逊美国站点销售。

常见的 FBA 头程物流有海运、空运、小包、快递等。空运、小包、快递虽然时效快，但物流成本高且单票货量要求高，更适用于比较紧急的补货。现在，海洋运输逐渐成了国际间商品交换中重要的运输方式之一。海洋运输的运量大，货物运输量占全部国际货物运输量的 80% 以上。

航道海运四通八达，不受道路的限制，通行能力更强，可随时调整和改变航线完成运输任务。海上运输航道为天然形成，港口设施一般为政府所建，船舶运载量大，使用时间长，运输里程远，单位运输成本低，故运费低廉，且海运有固定班轮，更适合量大、稳定的货物。可根据不同的目的地选择不同的海运目的地，更能节省成本，再加上可视化的物流系统、实时更新的货物路由，海运已成为广大跨境卖家的主要物流方式。

二、市场需求

市场需求是指在特定的地理范围、特定时期、特定市场营销环境、特定市场营销计划的情况下，特定的消费者群体可能购买的某一产品总量。

简而言之，就是消费者群体的意愿需求，也就是我们所提供的产品或服务面向的用户群体，他们在当下阶段对于整个市场营销环境下的某些产品服务会采取哪些行动，而各种行动就代表着不同的市场需求。

了解市场需求的四个途径。

1. 了解市场现状

市场现状包括目标市场的范围、能利用的销售渠道、市场的竞争状况及市场环境的复杂程度等。需要重点关注的是国际大事件、行业大新闻、当地电商平台的政策、海关政策等。

多与客户交流，倾听他们的声音。通过与客户沟通交流，我们可以得到一些关于产品、服务及其他方面的真实看法。这些信息可以反映出目前的货物运输情况，同时也可以让我们了解客户对未来所需要的产品服务和需求。如果这些需求没有得到满足，就应该制定相应的策略。

2. 媒体信息平台

从相关的媒体平台可以了解到整个市场发生的情况，也能够获得大量的同行数据信息，以更快地发现新市场。

3. 分析市场需求量及质量要求

了解当前整个行业的发展情况，参加行业相关展会或举行行业交流峰会。线下的行业交流峰会聚集的资深的行业专家对未来市场发展的趋势格局的讨论对于我们的市场需求分析尤为重要。

获取需求之后要对需求进行大量的分析。市场需求分析是指估计市场规模的大小及产品的潜在需求量。

要对目标市场的需求量和质量要求进行分析。应对目标市场的某种需求有多大和有什么质量要求有一个清醒的认识，切忌从某一个或数个特例来进行对整个目标市场的分析。

4. 分析产品价格情况

分析市场价格情况，剖析价格构成及注意事项，从而对竞争对手有一个大致的了解，为自己的产品进入市场做一个铺垫，做到知己知彼。

分析产品数量和质量变化对市场的影响。在市场供求关系趋于平衡的状态下，如果新的产品注入市场，就会产生波动。在注入量并不是很大的情况下，这种波动不会有较大影响；如果数量达到一定规模，就会产生较大的波动。其实，在每一种新产品进入市场时，总会打破原有的供求平衡。要想在市场中获得收益，就应该了解这些变化，这样才能减少损失，增加胜算的把握。

此外，需要了解自己产品到达市场的综合成本，包括仓库成本、运输成本、管理成本等，以确定产品价格是否合理。

另外，还要考虑产品是否有某些减少目标市场的数量的限制条件。

三、产品研发

（一）产品打造的宗旨

致力于打造差异化、高质量的稳定产品，这样才能不断地提高市场竞争力，占有市场份额。

（二）产品打造的背景

从了解市场的需求到对市场需求进行分析，综合获取一定背景故事，而且是符合当下市场行情的背景。将产品的设计思想通过产品特点、路线、优势、卖点等方面体现出来。

（三）产品的命名

产品的命名非常重要，要符合产品特色，同时让使用者容易记住。当发展到一定程度后，产品的名字就成为一张名片，只要提起它，人们就会联想到研发这个产品的公司。

（四）供应支持

供应支持主要分为两大部分，即头程供应和目的地供应。头程供应主要是考虑稳定的海运船期、航线，一般选择截关时间相对较晚的海运供应商，还要注意留有足够的揽货时间，并要有车辆、仓库的配合。选择实力强的海运供应商，可以确保仓位保障，保持产品的收货频率。

目的地供应主要表现为目的港的提柜＋派送的供应，通过沟通，确定最优的操作时效，并且双方达成共识。

（五）定价成本的核算

核定、计算固定费用，预估可能产生的具体费用，结合所有成本做初步定价。分析市场价格，其原则是不做最高价，不做低价，适中即可。

（六）产品的推广

新产品设计完成后，下一步就是重要的推广环节。主要分内部宣传和外部宣传，可以选择以下 3 种方式：

（1）产品说明会。内容包括产品的打造背景、目标客户、产品特点、路线、时效、优势、卖点等。更为隆重的选择是进行线上直播或举行大型现场产品发布会。

（2）制作推广图，通过微信公众号推广、微信朋友圈等方式广而告之。

（3）营销推广，全员重点开发。

（七）产品跟踪观察

1. 关注货量

记录货量，按周、按月作对比，货量是上涨、下跌，还是稳定，要安排专人时效跟踪；实时推进，包括货量、时效等，提高产品的曝光率，定期公布利好消息；定期数据分析，按周、按月分析原因，初步评估产品是否适应市场发展。

2. 市场反应收集

收集同行对此产品的评价、服务的评价、操作的建议等。

3. 产品调整及优化

检视产品推出后的 1～2 个月内是否出现不合理的环节，做针对性的调整及优化；观察优化后的实际情况，不断地进行改善，直至产品稳定；试行 3 个月后，总结产品产生的效益是否跟支出成正比，从而可以决定是否继续做该产品。紧急情况下可即时停止操作。

4. 产品成本优化

在产品趋向稳定的过程中，进行资源整合优化，减少异常开支，不断地寻求可优化的产品环节，将成本做到最优。

5. 运营情况分析

定期对所有经营数据进行分析，可按周或按月进行分析，从各渠道货量变化、利润情况、客户占比、客户数量等方面进行分析，从而进行产品方向的调整。

6. 盈利/亏损分析

以月度为周期进行分析。根据实际的运营情况分析盈利的因素有哪些。如果产生亏损，就要分析原因，并及时做出改善。

第四章 智慧物流管理系统

一、跨境电商物流系统的由来

回顾全球跨境电商行业的发展历程，可以发现，传统外贸先发展为外贸电商，再进一步发展为跨境电商。跨境电商发展至今，也不过二三十年的时间，但借助于互联网技术的快速提升，跨境电商发展迅猛。

近二十年间，我国跨境电商从无到有、从弱到强，经历了萌芽、成长、扩张、成熟四个阶段。当前，我国跨境电商产业正在加速外贸创新发展进程，已经成为我国外贸发展的新引擎。

2020年，疫情背景下的跨境电商迅猛发展。疫情改变了人们的消费习惯，全球消费者正在主动或被动地将消费行为转移到线上，跨境电商平台成为消费者采购的重要渠道，这加速了全球零售线上化。

全球跨境电商领域面临着更多的机遇和挑战。随着全球互联网和物流变得越来越健全和发达，一套成熟、完善的跨境物流系统对跨境物流企业也越来越重要。

二、Morelink 的起源

跨境电商是一个新兴的行业，跨境物流也是一个新兴的行业，一套属于跨境电商和跨境物流的系统更是一个新兴的产品。

2015年，联宇物流从传统物流进军电商物流，在大多数跨境物流公司还没有意识到物流系统重要性的时候，就已经着手自主研发物流系统。一套由联宇物流定制、面向全行业的系统应运而生。

我们成立了一家独立的软件公司——广东无限链接信息科技有限公司（简称无限链接公司），带着充满朝气的大学毕业生，凭着成员的一腔热血和扎实的计算机能力，深入了解跨境物流各环节的操作，确定需求目标，经历无数次代码的修改、无数次方案的推倒重来，研发出了 Morelink。

在线下单、路由自动更新、完善的财务管理系统、超期自动锁单等功能，针对的都是物流行业痛点。Morelink 是一套跨境电商物流系统，让软件和硬件实现真正意义上的结合和智能化。

Morelink3.0 是无限链接公司于 2019 年推出的为跨境电商物流打造的一款系统。系统包含 COM 板块、FOM 板块、SOM 板块，并可实现各板块互通、路由自动化、实时路由可视化、费用对接等功能，从而减少传统人工的频繁对接，省时、省力又省心！

以下将详细介绍 Morelink 的具体功能。

三、Morelink 系统功能详解

（一）COM 板块（客户端）

COM 板块开放给跨境物流企业的客户使用，主要实现以下功能。

1. 在线下单

为了方便客户使用，无限链接公司研发了手机 App 与 PC 端。客户可以通过手机 App 或 PC 端，快捷地实现在线下单、上传文件。

2. 查询路由

线上随时查询物流状态，全程可视化，省心、省事。

3. 线上互动

客户遇到特殊情况，可以直接在线上与客服互动，减少线下沟通。

4. 财务管理

查询、审核每一个订单的费用，实现在线支付、在线上传水单、在线核销账单，做到无纸化财务管理。

（二）FOM 板块、SOM 板块（服务端）

客户下单后，系统自动发送邮件到对应客服人员及营销人员的账号，营销、客服人员在此板块受理、协调、排柜、费用录入，将每一票货物送达目的地。服务端共有九大板块。

1. 电商物流

此板块是客服人员（以下简称客服）处理客户订单的第一道工序。客

服在这里完成以下工作：订单审核、受理，订单作废，账单费用制作与审核，货物登记，客户超期款，事故订单记录，退仓订单，等等。

2. 港前港后

这是处理订单的第二道工序。操作人员可以在这个板块完成：订舱数据受理、订单排柜、维护船司/航司的舱位原信息、录入货代成本、订单中转出库、应收应付的费用录入与审核等工作。

3. 付款申请

客服、操作人员申请、审核付款在此板块完成。

4. 财务管理

财务人员在这里完成费用管理、营销员业绩提成、发票管理、凭证生成、锁单、收付生成、财务报表生成、结算销账管理等工作。

5. 财务档案

财务人员在这里完成汇率管理、科目设立、套账设立与管理、科目期初余额设定、银行账号管理等工作。

6. 客户管理

该板块可对电商客户进行管理，包括合作申请、账号管理、客户分配等。

7. 渠道管理

该板块可完成渠道类型设定与管理、内部渠道维护管理、客户渠道维护管理、渠道价格查询维护与管理等工作。

8. 系统设置

该板块包括制作自定义报表、员工角色管理、操作日志管理、邮箱模板制定、企业信息维护更新、内部用户权限管理等。

9. 基础设置

合作仓库管理、FBA 仓库管理、港口信息维护管理、费用信息维护管理、路由标题管理、客户端客户须知管理、客户端货物清单设置管理等可在该板块进行设置。

（三）海外板块

该板块是供海外仓库人员使用的。海外仓库人员可在此完成订单受理、入库存储、货物出库指令、派送计划制作、线上预约交仓、发车批次管理、仓库货物管理、应收应付对账单、退回费用明细管理、作废订单管理等工作。

（四）卡车系统

卡车系统是连接客户、司机的一个平台型系统（图4-1）。客户可在客户端下单，服务端在收到订单后对订单进行受理，然后调度派车（即在司机端派单）。司机在司机端线上接单，然后到指定地点装货，并将货物派送到目的地。

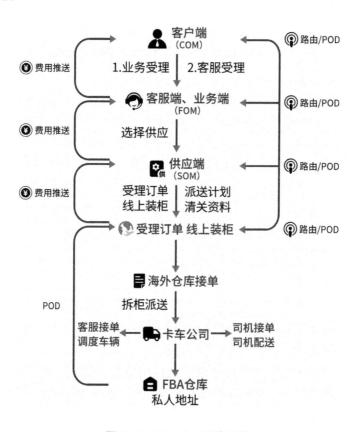

图4-1 Morelink系统流程

四、跨境电商物流系统的价值

跨境电商已经步入具备规模效应的成长期，其体量已经足够支撑跨境物流的管理和技术升级。随着出口跨境电商行业逐步转向"精耕细作"，卖家更关注业务的长期发展，在产品开发、品牌注册与构建、品牌保护等方面持续投入。跨境电商物流行业也紧跟变化，从邮件、QQ、微信、电话下单到在线下单，从使用 Excel 表格手动做记录、分析到后台自动生成各种分析报表，从使用本子记录每一单的情况到系统一单到底的跟踪管理，等等。一套跨境电商物流系统除了能使工作量显著减少，还会带来以下 5 点好处：

（1）每一票货物信息的永久保存和随时查看详情，这是跨境电商物流能够有条不紊运作的依据。

（2）自动抓取路由，随时随地查看货物情况，这是跨境电商物流对每一个客户的承诺。

（3）无纸化管理及财务一体化，这是对跨境电商物流资金交易明细客观清晰的护航。

（4）自定义报表，可随时查看公司运营情况，从而及时调整经营方向、预防风险。

（5）应收款的及时回流，以及对公司资金链的把控，从而让公司得以良性发展。

（一）应收款的风险控制

对跨境电商物流企业来说，回款是一个不能回避的话题。账期意味着风险及大量的垫资，会导致资金链长期处于危险的状况，如果不能妥善解决，资金链一旦断裂，破产倒闭或许只在一夜之间。

Morelink 的自动锁单功能，能很好地解决这个问题。当客户应付金额超出付款时效时，系统便自动锁定，营销人员和客服将无法接单。在跟进客户付款的同时，将坏账的可能性尽可能降到最低，并同时培养员工、客户养成及时收款、付款的良好习惯。

（二）效率提升

没有使用系统的企业，采用人工记录每一笔订单的状态，耗时耗力，效

跨境物流 SO EASY

率极低。Morelink 将烦琐的环节系统化，可线上批量受理订单，系统自动抓取，更新路由，自动排柜，线上批量销账，应付费用审核后自动导入，线上直接导出箱单发票、报关资料、派送资料，尽可能地减少人力成本，为企业减负。使用该系统可使效率提升高达 50%，这是众多跨境电商物流企业选择使用它的首要原因。

第五章　年销售过亿元的营销方案

在所有职业中，销售是大家公认的最具挑战的也是最能体现价值的工作岗位之一。很多人会觉得做销售很难、压力很大、底薪低、生活保障度低，还要经常外出、抛头露面，并时常吃闭门羹，所以很多职场人士表示不敢挑战销售这份工作。

其实这些想法都是人们给自己找的借口和理由。只要能够做到"人流合一"，做销售一点都不难，而且会很受客户欢迎。接下来，给大家分享"人流合一"的销售推广理念。

一、人的价值

（一）人的价值观传递

在销售推广过程中常常会遇到客人询问价格，而真正成功的销售是先和客人聊价值观。价值观包括自己的价值观和企业的价值观。

自己的价值观的传递靠销售人员自己。通过各种事件可以让客户知道你是一个靠谱的人、负责任的人、具备服务意识的人。这样客户才会信任你，甚至相信你给他推荐的产品，所以聪明的销售会先让客户了解自己的价值观，同时把自己正能量的价值观传递给客户。

企业的价值观是通过企业的产品来传递的。按照稻盛和夫分享的因果关系，有什么价值观的员工就会加入有什么价值观的企业，有什么价值观的企业就会打造出什么样的产品。客户认可你的价值观就意味着你得到了客户的第一份信任，有了这份信任，客户才会相信你说的是真的。这个时候你再通过分享自己企业的价值观，让客户了解你所任职的是一家有担当、有社会责任感的企业，让客户认可你传递的企业的价值观。这样，你就得到了客户的第二份信任。有了这一份信任，你就有更多的机会达成最后的交易，完成自己的销售推广任务。

（二）人的利他精神传递

很多人认为做销售的人只会利己，有利益才合作，无利益就不理睬，甚至觉得他们就是唯利是图的人。其实，一名成功的销售应该是先利他再利己。稻盛和夫说过，利己则生，利他则久。这告诉我们，作为一名销售，如果只是利己，那么只能获得当下的利益和短暂的生存空间。也就是说，从利己的角度和客户进行合作，你或许能和客户达成合作，但是因为你的利己，客户看不到和你合作的好处，只会感受到你从他身上的索取，很快你便会发现你的客户合作一次两次就流失了。相反地，如果你以利他为出发点来对待客户，你会发现客户的黏性更高，同理心更强。

那怎样才叫作利他呢？大家不要走入一个误区，不要认为利他就是卖个低价给客户。真正的利他是你能够结合客户的需求，匹配出对他最有利的产品，做到不让客户花冤枉钱，又能让客户买到最具性价比的产品。当客户感受到你的每一个产品方案的出发点都是在帮助他，为他着想，感受到你的利他精神，就会被你的利他行为感染。此时的客户也会自然地出现利他思维，而客户的利他对象就是销售人员。由此可见，利他精神的销售推广可以促进彼此的信任，达成共赢的场面。

（三）口碑传递

《五灯会元·宝峰文禅师法嗣·永州太平安禅师》："劝君不用镌顽石，路上行人口似碑。"刻碑为歌功颂德，故后以"口碑"喻指众人口头的颂扬。"众人"包含两类。以联宇为例，联宇的口碑就是联宇人的口碑，所以第一类众人是联宇人，我们所呈现出来的就是外面的人看到的；第二类众人就是非联宇人，如和联宇有任何接触的每一个人，特别是与我们正在合作的客户或有意向和我们合作的潜在客户。

联宇人一直以"客户至上、诚信、激情、创新、感恩、负责任"来要求自己，同时通过自己的言行举止将其呈现给客户。慢慢地，联宇这个品牌在客户群中有了一个好的口碑。有了这个口碑之后，具有用户体验的客户再给予进一步的传递，一种由点带面的销售推广模式便快速地呈现出来。

（四）转介绍

跨境电商是一个细分领域很小的群体，卖家会聚集交流分享各种物流的信息。如果能做到前文所述的价值观、利他精神和口碑传递，你会发现你和客户已经不仅是生意往来的业务合作关系，更是一种利益共同体、互帮互助的业务合作关系。有了这层关系，客户会思考如何像好朋友一样帮助你，这个时候客户会自然而然地把你分享给别人。通过第三方的价值观、利他精神及口碑的传递，将有更多的卖家帮你去转介绍新客户。

二、流的价值

对于物流的销售推广，很多公司只关注其中的物流，而真正的物流销售推广应该包含商流和物流。商流挖掘物流，物流促进商流。那么，什么是商流，怎样做到二流互促？

（一）商流挖掘物流

在日常的销售推广中，有一个必不可少的问题：你们的价格是多少，有没有优势？客户往往要求先报价再合作。买卖先看价格是我们在日常购物常用的买卖交易方式，但是这种交易方式应用在真正的销售推广上是非常低级的，因为这在竞争激烈的跨境电商物流市场上很难触达客户的购买欲望，常常最后未能达成合作。一名高级的销售应该从商流上去挖掘物流。电商物流销售推广商流更多在卖家、平台方手上，很多销售会认为做物流的又不可能触达商流，难道是要自己去做商流吗？答案肯定是否定的。那怎么来理解电商物流销售推广从商流挖掘物流呢？商流指的是卖家的商流，我们控制不了商流，但是我们能够通过帮助卖家实现商流的增长来促成物流的交易，从而体现出物流的价值。

在这里分享一个案例。联宇的销售接触了一个上亿级的大卖家，但是跟进了2个月还是谈不下来，最后发现谈不下来的原因就是价格，所以该销售人员邀请我一起拜访该大卖家。到了大卖家那里，我们先参观了他们的仓库，和他们仓库的负责人做了简短的沟通，之后见了这个卖家的董事长。在会议上，该董事长说："我们每个月50～80条货柜，出货量很大，所以即便物流费用贵1元对我们来说都是成本的剧增，我们非常关注价格。"这个时候我表示这个问题我会帮忙解决，同时礼貌性地邀请他们商城运营负责人和物流负责人到场，方便我解决这个问题。

我咨询了他们商城运营负责人，了解到他们2020年商城运营上遇到的物流痛点，这个痛点对他们商城的成交金额（gross merchandise volume, GMV）的影响，以及2020年的备货比和2021年的备货比。运营上反馈最多的问题主要是物流时效的不确定性，这导致他们不能很好地做出精准备货计划，从而造成很多货物断货，同时很难做好广告投放，甚至出现了广告已经投放了，货物却没到等情况。这个痛点问题对他们商城每个月的GMV影响接近500万元。而2021年的海运时效更加不稳定，导致到他们的备货比从去年的1∶3调整为1∶5，以此来确保自己有快速补货的能力，尽可能地避免因为断货而影响销售和权重等问题。

结合这个痛点，我和大卖家的董事长算了一笔损失费用（500万元，以20%为毛利率，即100万元毛利），也就是因为这个物流的痛点问题他们一个月损失了至少100万元的毛利。我提出了第一个问题：能否在这100万元的毛利中拿出15%来买一个时效更加有保障的物流产品？答案当然是肯定的。第二个问题：在物流时效稳定的情况下，是否还是可以按照1∶3来进行备货？答案也是肯定的。

通过上面这个案例，我想大家都明白了商流挖掘物流的销售推广方式。通过商流来挖掘物流的价值，物流服务商既不会因为产品价格过低而降低服务，卖家也不会因为服务改变而影响商流的核心收益。

（二）物流促进商流

联宇物流在打造每个产品的时候都会去思考卖家需要什么服务，也就是说会从物流促进商流这个问题去思考产品的打造。2020年，新冠肺炎疫情肆虐，人们对跨境电商的需求大增。但是，很多基础设施未能跟上，船公司爆仓、码头塞港、快递瘫痪等问题频繁发生，对卖家的商流带来了很大的影响。这个时候如果有一家公司能够打造出一个又好又快的产品，一定能够在很大力度上给卖家提供帮助，让卖家在这个断货潮中找到自己的春天。

2020年有很多新卖家进入跨境电商市场，对于进入这种模式市场的新卖家，论资本没有大卖家的资本，论经验没有大卖家的经验，所以针对这些新卖家，他们除了选好品之外，还要选对一家又好又快的物流公司，这样才能有机会在"乱世"中成长起来。2020年物流成为很多卖家特别是大卖家的痛点，在暴增的消费能力、亚马逊限制建仓的平台政策及海外仓资源严重不足的背景下，很多卖家出现了严重的断货现象。

这个时候对于已经选好产品的新卖家，选对一家有实力的物流公司就尤其重要了。而作为一名优秀的销售人员，我们必须学会用物流促进商流的销售推广模式为卖家提供匹配的产品，当平台其他卖家处于断货状态下时，卖家如何保证自己能够及时补货，让自己在这个供不应求的市场获得更大的收益就显得尤其重要，而这个时候作为物流方，我们也能够找到自己的盈利点，最后达成共赢的局面。

物流挖掘商流的销售推广模式无论是对大卖家还是中小卖家，都是非常重要的，只要我们能够确保我们的卖家赚到钱，甚至在物流上帮助他们在商流上赚更多的钱，我想这个客户永远都会是你的忠实客户。

三、"人流合一"

人和流是密不可分的，成功的销售推广模式是"人流合一"。良好的价值观是德，利他精神是品，口碑是标签，转介绍是客户对我们的认可，商流挖掘物流为我们创造了收益，物流促进商流体现了我们的价值。

（一）优势凸显

我们能够打造出好的产品，好的产品需要我们在每个环节上做好把控。一名优秀的销售一定要学会凸显优势，要向客户分享你的产品的每个环节的优势，并让客户坚信这是真实的。例如，将系统的投入、国内仓库的布局、头程资源的分享、海外清关的能力、海外硬件设置的投入等优势进行充分的凸显，进行"人流合一"，使客户坚信你可以给他带来最优的销售推广方案。

（二）价值创造

商流和物流的组合的最大好处就是价值创造，即卖家得到了最大的商流上的收益，物流商能够在这个竞争激烈的价格市场中找到自己的生存空间。首先是打造产品时要思考我们做的物流产品能够给商流带来什么好处，其次是在销售推广的过程中一定要充分体现产品的价值，最后是能够给商流创造出价值，要让买卖双方在价值创造中进行交易。

"人流合一"的销售推广模式，既可以让商业市场变得更加健康，也能够让每一家企业在进入市场之前就清晰自己的定位，从而更好地实现企业的价值。

四、成交合作

联宇公司与客户的合作流程如图 5-1 所示。

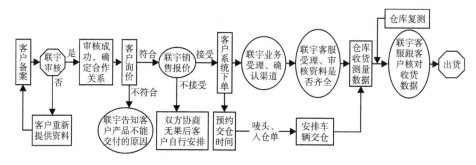

图 5-1　客户合作流程

（一）发货前

1. 关系确立（系统备案）

在甲乙双方达成初步合作意识后，甲方人员应向乙方提供系统备案链接，由乙方指定人员点击链接填写相关企业信息，并上传盖有乙方公司公章的营业执照副本文件，设置客户端主账号密码。

乙方备案之后，对应的乙方业务员会收到系统信息提示，显示"××客户已经备案"。之后由甲方的销售人员进行对接跟进，由专人提出审核需求。经管理者审核通过之后，甲乙双方正式确立合作关系，乙方可登录甲方客户端系统进行下单操作。

2. 合同确立（合同签订）

甲方使用的是经公证部门备案过的电子合同，在乙方备案、甲方审核之后，双方可在系统直接签订电子合同，电子合同具备法律效应。如对合同模板内容有异议的，经双方协商后可由甲方在系统进行修改，之后双方需重新签订。

3. 渠道确立（询价）

联宇（甲方）有美国、日本、墨西哥等国家的海运、空运、快递等20多个自营渠道，确定每一个国家每一个渠道的询价都有不同的考量要素，乙方在确定发货计划之后，向甲方的销售人员提供询价要素等内容，确定渠道及报价，甲方的销售人员会从专业的角度为乙方制订最优的物流方案。

4. 询价要素

目的国家、收货地址、起运地、品名、海关编码、件数、体积、重量、尺寸（超规尺寸必须提供）、图片、产品性质、报关方式、时效需求、销售链接（日线产品必须提供）等。

（二）正式发货

1. 下单流程

（1）登录甲方的客户端系统。

（2）点击在线下单，根据图5-2所示的提示进行操作。

（3）订单填写过程中，如果有不确认的信息需要确认，可以把订单存为草稿，确认之后直接在草稿箱中修改订单。此外，如果乙方每次发货的都是同一个产品，只有数量上的区别，可以选择存草稿的方式，之后每次发货在草稿箱修改具体数量即可，可节省制作资料的耗时。

2. 订单审核

（1）乙方下单之后，甲方销售人员、客服会收到下单提示，之后由甲方销售人员在系统中进行订单受理，确认乙方的渠道是否选择正确。

（2）甲方销售人员受理订单后，由甲方的客服进行订单二次受理，以确认乙方的订单、发票信息等是否提供齐全，并根据乙方的到仓时间安排车辆提货（若需要）。只有在经过客服的受理之后，仓库、渠道操作才能看到乙方的下单信息，才可以对乙方的订单进行发货处理。

3. 货物流通

在乙方下单之后，可以在系统上下载当票订单的唛头和入仓单，在每一个外箱上贴上对应的订单唛头。在已经预约好的交仓时间内，自行安排车辆或者由联宇的客服安排车辆，将已贴好订单唛头的货物装箱运输至指定的联宇仓库，并把入仓单打印出来（一式两份）交给送货司机，由司机一同带到仓库。

图 5-2 下单流程

第六章　客服接单流程

随着传统物流演变为跨境电商物流的发展趋势，营销环境也随之发生了改变。在跨境电商物流的市场竞争下，客户的追求更多的是服务时效上的保障。随着企业经营管理水平的提高，产品的差异化为企业带来长久、稳定的差别优势，客户更是将服务的优劣作为选择供应商的重要标准和依据。因此，一家销售型的物流公司，一定要不断提升服务能力，更要以提供比竞争者更丰富、更优质、更全面的服务来赢得客户的信赖，这将有利于增加企业的知名度。如何让客户有很好的服务体验？联宇物流的一个重要竞争力是有一套标准化、清晰化的服务流程。客服接单流程如图6-1所示。接下来向大家讲解客服跟进订单处理的每个环节的注意事项。

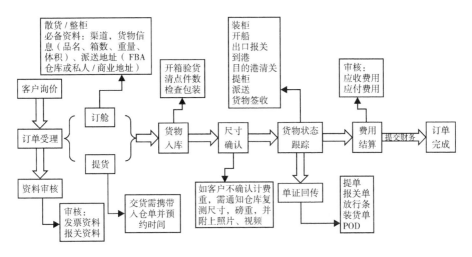

图6-1　客服接单流程

一、订单受理

客户在Morelink客户端系统下单，客服通过系统进行接单操作。订单受理流程如图6-2所示。

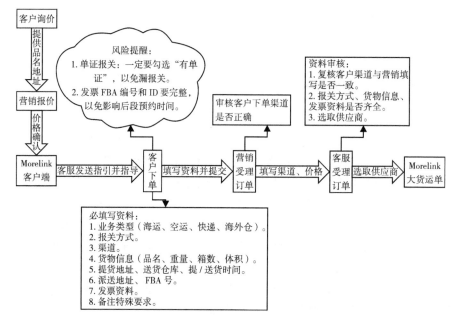

图6-2 订单受理流程

(一) 客户下单

(1) 客服发送下单操作流程指引,引导客户在系统进行操作下单。

(2) 提供发票模板或引导客户线上下载模板,让客户填写并上传系统,然后核对发票内容是否完整。

(二) 订单受理

(1) 客户填写完整信息,保存提交,必填信息包括:

a. 业务类型(海运、空运、快递、海外仓);

b. 报关方式;

c. 渠道;

d. 货物信息(品名、重量、箱数、体积);

e. 提货地址、送货仓库、提/送货时间;

f. 派送地址、FBA号;

g. 发票资料。

(2）营销人员受理订单，复核渠道是否与询价一致并填写成本价格。
(3）客服受理订单，复核订单信息是否齐全。

二、订舱流程

客服复核订单基础信息资料并选取供应商，然后提交订单到应用系统。订舱流程如图6-3所示。

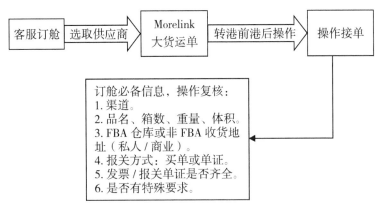

图6-3 订舱流程

（一）散货订舱

1．订舱必备信息

渠道、货物信息（品名、箱数、重量、体积）、派送地址（FBA仓库或私人/商业地址）。

2．报关方式

买单或单证报关。

若是单证报关，则需检查客户是否已将单证上传系统，或以邮件方式发送给操作人员，邮件需注明单号、渠道、仓库代码。

3．特殊要求

若发票资料或单证文件后补，以及有其他特别要求（如分柜装、拼单报关等），则需在系统上注明。

（二）整柜订舱

1. 提供订舱单必填信息

客户信息（公司名、地址、电话及联系人）、船公司、柜型、渠道、货物信息（品名、箱数、重量、体积）、装柜时间、目的地清关保证金（进口商是联宇还是客人）、目的地派送地址及价格成本、报关方式（买单或单证报关）。

2. 注意事项

客服收到 S/O（shipping order），检查船期信息是否正确，检查 S/O No.、托运人、收货人、船名航次、截关日期、截放行条时间，核实无误后发给客户。

拖车报关：拿 S/O 去打提柜单、还柜单。

3. 回传操作

客户装好柜子后，将柜号、过磅单及补料资料提供给客服，客服回传给到操作人员。

注意：

（1）单证报关的，客户需要提前做好电子委托。

（2）装柜还码头后报关，需在截放行时间内申报并放行。

4. 提单补料

AMS 及 ISF 申报，要在截补料和截 ISF 时间前将资料提供到给船公司。

（1）补料信息：托运人、收货人、通知人、货描信息、货物信息（总件数、总毛重、体积）、柜号、封条号。

（2）AMS 申报即美国海关反恐舱单申报。必须在装船前 24 小时向美国海关申报，逾期或漏申报会影响装船并会产生罚款。

（3）ISF 申报（也叫"10+2"申报），即进口安全申报（importer security filing）。必须在货物装船前 24 小时内向美国海关申报，逾期或漏申报会产生 5000 美元的罚款。

三、提货与客户自送货

提货与客户自送货流程如图 6-4 所示。

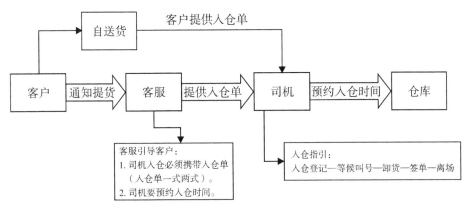

图6-4 提货与客户自送货流程

（一）提货

（1）客户下单，客服引导客户下载入仓单给司机；也可由客服下载后提供给司机（入仓单需一式两份），要求司机在客户处装货后预约入仓时间，并跟进货物入仓情况。
（2）与客户确认提货时间、件数、重量、体积等货物信息。
（3）安排合适的车辆。
（4）告知客户提货司机信息：司机电话、车牌号、预计到达时间。
（5）司机到工厂装货。
（6）运输。
（7）仓库卸货、入库、录数据。

（二）客户自送货

客户提供入仓单给司机（入仓单需一式两份），司机要预约入仓时间，并跟进货物入仓情况。

四、货物入库

货物入库流程如图6-5所示。

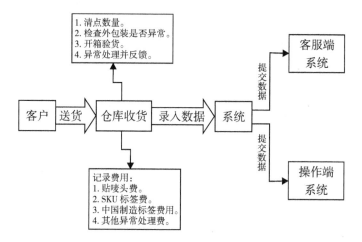

图6-5 货物入库流程

(一)货物入库

(1)清点数量,核对唛头信息与入仓单是否一致。

(2)检查来货包装是否异常,除正常的纸箱外,若有打绷带、打托、塑料袋包装、麻袋包装、木箱包装、玻璃包装、金属包装、混装(单单混、箱规混、唛头混)等情况,则需要反馈给客户并与客户确认处理办法。

(3)验货,如开箱检查品名、品牌、型号、SKU标签、中国制造标签,以及是否带电。

(二)数据录入

仓库将数据录入系统。

(三)异常处理

处理货物无唛头、无SKU和中国制造标签、尺寸重量相差大、数量不齐等异常情况。

(四) 记录费用

如贴唛头、SKU 及中国制造标签费用等异常费用。

(五) 货物退仓

货物退仓流程如图 6-6 所示。

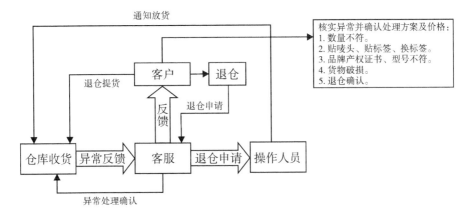

图 6-6 货物退仓流程

货物退仓可分为以下 3 种情况：
(1) 货物不能出口。
(2) 入仓后没仓位，客户不接受，要求退仓。
(3) 客户发起退仓申请，客服通知操作，仓库接到指令放货。

五、数据确认

数据确认流程如图 6-7 所示。

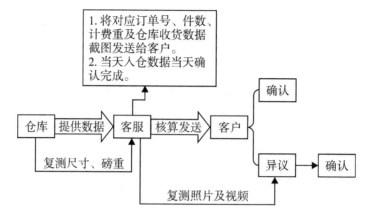

图6-7 数据确认流程

1. 客服操作

客服根据仓库收货数据，核算出计费重，然后将对应订单号、件数、计费重及仓库收货数据截图发送给客户确认。

2. 计费重核算注意事项

（1）包税渠道的计费重以 kg 为单位，取实重、材积重中的较大者（外箱尺寸单位为 cm），如图6-8、图6-9所示。

件数	重量	体积	材积	长	宽	高	总材积	总重量	总体积	备注
1	12	12.9	0.0724	12.0908	48	54	28	145.152	154.8	0.8688
2	10	12.9	0.1337	22.3279	56	57	42	223.44	129	1.337

总材积 > 总重量，计费重：369 kg

| | 22 | 25 | 0 | 34 | 104 | 111 | 70 | 368.5920 | 283.80 | 2.2058 |

图6-8 材积货

件数	重量	体积	材积	长	宽	高	总材积	总重量	总体积	备注
1	39	18.15	0.1034	17.2678	61	50	34	674.0487	707.85	4.0326

总重量 > 总材积，计费重：708 kg

| | 39 | 18 | 0 | 17 | 61 | 50 | 34 | 674.0487 | 707.85 | 4.0326 |

图6-9 实重货

（2）不包税渠道的计费重以 m^3 为单位，取实重、材积重中的较大者，小于 $2\ m^3$ 的按 $2\ m^3$ 计费（重量单位为 kg，外箱尺寸单位为 cm），如图 6-10 至图 6-12 所示。

实重计费重=总实重/363，材积计费重=总材积重/167。

件数	重量	体积	材积	长	宽	高	总材积	总重量	总体积	
33	18.45	0.0388	6.4796	48	29	28	214.368	608.85	1.2804	

不包税渠道，小于 $2\ m^3$ 的按 $2\ m^3$ 计费

| 33 | 18 | 0 | 6 | 48 | 29 | 28 | 214.3680 | 608.85 | 1.2804 |

图 6-10 不足 $2\ m^3$ 的计费重

入仓数据

入仓日期:2021-04-08 14:45 SO号:910086210401475   渠道:极速达(不包)   仓库代码:ONT8   收货仓库:深圳石岩仓

序号	箱数	箱序	长(cm)	宽(cm)	高(cm)	单件重量(kg)	单件体积	单件材积
1	17		41	30	25	19.920	0.0306	5.1250
2	13		46	31	21	19.920	0.0298	4.9910
3	3		38	24	21	19.920	0.0191	3.1920
4	25		34	35	27	19.920	0.0320	5.3550
5	50		45	23	62	19.920	0.0640	10.6950
6	12		41	30	25	19.920	0.0306	5.1250
7	12		28	27	28	19.920	0.0211	3.5280
汇总:	总箱数:132		总实重:2629.44 kg		总材积:934.0450		总体积:5.5853		计费重:7.25

备注：2629.44/363=7.25，934.045/167=5.5853，计费重为7.25 m^3

图 6-11 实重货

件数	重量	体积	材积	长	宽	高	总材积	总重量	总体积	备注
1	44	17.38	0.0544	9.0848	33	28	59	399.784	764.72	2.3936	过磅

| 44 | 17 | 0 | 9 | 33 | 28 | 59 | 399.7840 | 764.72 | 2.3936 |

图 6-12 材积货

3. 分泡计费重计算公式

如果材积重比实重大，就要分泡核算计费重，海派货物按分泡 30% 分泡（单件不足 12 kg 按 12 kg 算）。计算公式有以下两种：

（1）计费重=（材积重-实重）×70%+实重。

（2）计费重=材积重-（材积重-实重）×30%。

例如，若实重为 120 kg，体积重为 200 kg，则

200 kg –（200 kg – 120 kg）×30% = 176 kg，计费重为 176 kg。

4. 客户对数据有异议时的操作

（1）复测，客服将仓库拍的照片与视频提供给客户复核。

（2）客户复核确认后，反馈仓库处理。

六、资料审核

（一）发票资料

发票资料必填信息包括 FBA 箱号、箱数、品名（中文、英文）、品牌、型号、单个产品申报价格（单位：美元）、总申报数量、申报总金额、材质（中文、英文）、用途（中文、英文）、海关编码、亚马逊内部编号。

（二）报关资料

客户单证报关，报关所需资料包括报关单、箱单、发票、合同、申报要素（此项可单独用文件列出，也可以直接显示在报关单上）。

（三）电子委托授权

在得到电子委托文件后才能安排出口报关。客服收到单证资料后，必须第一时间提供报关授权抬头和企业编码，让客户登录中国国际贸易单一窗口发起委托并提供操作截图。报关行接收相关文件并确认。

1. 发起电子委托必备资料

必备资料为报关抬头企业公司名称和企业代码。

2. 操作流程

操作流程如图 6-13 所示。

第六章　客服接单流程

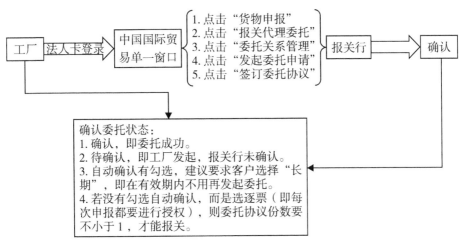

图6-13　操作流程

3. 委托协议

委托协议如图6-14所示。

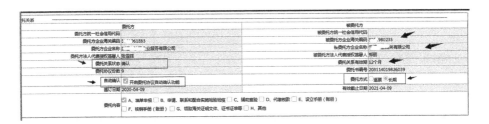

图6-14　委托协议

（四）报关单必填内容

报关单必填内容包括境内发货人抬头、境外收货人抬头、生产销售单位、合同协议号、监管方式、征免性质、贸易国、运抵国、件数、毛重、净重、成交方式、运费、保费、商品编码、中文品名、数量及单位、单价、总价、币种、原产国、最终目的国、境内货源地。

报关单如图6-15所示。

跨境物流 SO EASY

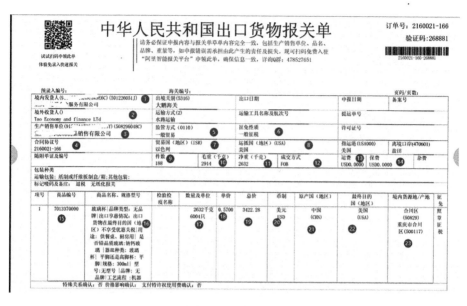

图 6-15 报关单

（五）申报要素

申报要素如下：

（1）品牌类型。在报关单上以数字显示，数字代表的内容如图 6-16 所示。

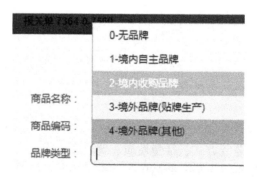

图 6-16 品牌类型

（2）目的国是否享惠。以数字显示，其中，0 表示出口货物在终目的国（地区）不享受优惠关税，1 表示出口货物在终目的国（地区）享受优惠关税，2表示出口货物不能确定在终目的国（地区）是否享受优惠关税。

（3）用途。

（4）材质。

（5）品牌。

（6）其他必要申报要素。依据商品编码而定，可以在网站（https://www.hsbianma.com）上用编码查询所需提供的要素。

七、货物状态跟踪

货物状态跟踪流程如图6-17所示。

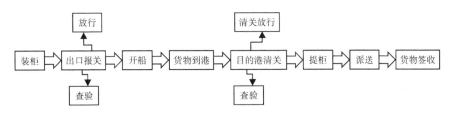

图6-17 货物状态跟踪流程

（一）装柜

一般而言，货物入仓后2~3天内安排装柜，根据订舱要求预配船期，可依据系统路由信息【货物已装柜】复核货物是否已顺利装柜。

（二）出口报关

报关分为单证报关（退税报关）和买单报关。有进出口经营权的企业和在中国国际贸易单一窗口签约无纸化报关的公司才可以申请办理退税报关。

货物装柜后，货柜当天交还码头，第2天内必须安排出口报关，正常情况下当天报关放行，向船公司递交放行条，船公司将统一时间安排将货柜装船。

可能会遇到海关通知查验的情况，正常查验时效为2~3天，异常查验时效不定，具体看海关审查情况。若收到报关行查验通知，客服必须第一时间通知客户并附上查验通知单。

（三）开船

根据订舱预配的船期来预计开船时间。可在船公司官网查询核实开船时间，正常在预计开船当天或第 2 天官网上会更新，超出 2 天未更新，需与船公司及时确认是否甩柜或延船。遇到甩柜或延船的情况，需附上船公司延船通知告知客户。

在船公司官网查询时会看到"截"和"开"。"截"是指截关的时间，"开"是指开船的时间。例如，"一截三开"指周一货物必须通过海关放行，并把放行条交到码头，周三开船；又如"二截四开"是指周二截关、周四开船。

（四）货物到港

根据订舱预配的船期来预计到港时间。可在船公司官网查询核实货柜靠岸时间，超出 2 天未显示靠港时间，需与船公司进行核实目的港码头是否出现塞港或其他异常情况。

（五）目的港清关及查验

清关和报关都是对进出口的货物进行申报，并且得到海关放行的一种方式。通常将进口称作清关，将出口称作报关。清关查验流程如图 6-18 所示。

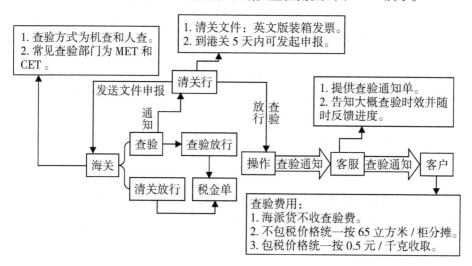

图 6-18　清关查验流程

1. 清关文件：英文版发票和装箱单

正常目的港清关行收到到货通知后，在备妥海关所需文件的前提下，可以在预计到港或抵达目的地港口 5 天之内向海关申报。

2. 查验方式：机查和人查

（1）机查。X-RAY EXAM 或 VACIS EXAM。X 光扫描，不拆柜，简单查验，一般查验时效为 2～3 天。

（2）人查。CET、INTENSIVE EXAM、MET EXAM、TAILGATE EXAM。CET、INTENSIVE EXAM 是升级版的查验，卸货查看货物与实际申报是否一致，正常查验时效为 5～7 天。MET EXAM 拆柜对箱数、品名、数量、金额、知识产权等细节的查验，正常查验时效为 1～2 周。TAILGATE EXAM，顾名思义，此种查验主要是在集装箱的后方进行查验，检查货物是否存在违规情况，如果当场发现可疑之处，就会下令进行密集检查，查验时效视情况而定。

3. 常见查验部门

（1）MET，即 manifest examination team，主要检查商标，看是否存在仿牌、品牌侵权等情况。

（2）CET，即 contraband enforcement team，主要检查违禁品，如枪支等。

（六）提柜

柜子停靠港口码头后，需等待放行才能卸船，正常放行时效为 3～7 天，卡车公司向码头预约提柜时间，卸船后才能安排卡车到码头提柜。

（七）派送

FBA 派送方式有海派（快递派送）、海卡（卡车派送）。

货柜提回海外仓进行拆柜，按派送地址进行理货、打板，按预约入仓时间安排派送。

对于海派货，拆柜当天直接安排交快递服务商，快递公司正常在 1～2 天内扫描上官网。

对于海卡货，美西周边 LAX9、LGB8、ONT8、PHX5、PHX7 正常是 3 天交仓；SMF3OAK3 一周预计一车；MDW2、IND9、FTW1、MEM1 及偏

远（长途）的是周一、周二、周五发车（大概3天入仓）。

整柜直送，按预约入仓时间安排卡车到码头直接提柜派送。

（八）货物签收

货物入仓及签收后，卡车司机回传签收单（proof of delivery，POD），正常情况下，POD应显示货物FBA号和数量。海派货物快递安排递送后，可直接在官网下载签收单。

1. 卡派POD样本

卡派POD样本如图6-19所示。

图6-19 卡派POD样本

第六章 客服接单流程

2. 快递派送签收单样本

快递派送签收单样本如图 6-20、图 6-21 所示。

2021/4/22　　　　　　　　　　　追踪 | UPS - 中国大陆

递送证明

尊敬的客户，
此通知是以下所列货件的递送证明。

追踪编号
1Z88F4280328846552

重量
15.00 LBS

服务
UPS Ground

寄送/支付于
2020/12/30

递送于
2021/02/11 11:11

递送至
SCOTTSDALE, AZ, US

收件人
ZHENG

留在
前台

感谢您选择我们的服务。只能查看最近 120 天内完成递送的货件详情。请打印以保存记录，以备您在 120 天之后查询此信息。
顺颂商祺，
UPS
UPS 提供的追踪结果：2021/04/21 12:43 EST

1/1

图 6-20　签收单样本 1

跨境物流 SO EASY

四月 21, 2021

亲爱的客户,

以下是查询号码的递送证明:397895922469

递送信息:			
状态:	Delivered	递送至:	
签收人:	OODETTE	递送地点:	
服务类型:	FedEx Ground		
特殊处理:			Aurora, CO
		递送日期:	Dec 1, 2020 18:28

托运信息:			
查询号码:	397895922469	寄件日期:	Nov 27, 2020
		重量:	22.0 LB/9.99 KG
收件人:		寄件人:	
Aurora, CO, US.		Rancho Cucamonga, CA, US	

参考信息: 1-YT+71J+810086201002207

图 6-21　签收单样本 2

八、单证回传

(一)提单

提单,是指用以证明海上货物运输合同和货物已经由承运人接收或者装船,以及承运人保证据以交付货物的单证(《中华人民共和国海商法》第七十一条),简称 B/L。在对外贸易中,提单是运输部门承运货物时签发给发货人(可以是出口人,也可以是货运代理)的一种凭证。

跨境物流亚马逊货物目的地派送是由物流公司统一安排提货派送的,正常情况下无须提单。提单是工厂出口办理退税所需的一项重要单证凭证,证明货物是通过海关正常出口手续完成的贸易行为。货物正常开船后,物流公司会出具小提单(HB/L)给客户。一般来说,工厂出口的产品必须是属于

第六章　客服接单流程

已征或应征产品税、增值税和特别消费税的产品，符合国家给予退税的条件，客户以自己公司抬头的单证资料申报出口，然后向主管出口退税业务的税务机关在国家出口退税计划内按规定的退税率审批退税。

制作提单必备资料包括发货人、收货人、通知提货人、货物品名、件数、毛重、体积、起运港、目的港、船名航次。

提单样本如图6-22所示。

Shipper		B/L NO.	
Consignee		LINK TRANS 聯宇物流有限公司 BILL OF LADING	
Notify Party		RECEIVED from the Shipper in apparent good order and condition unless otherwise indicated herein,the cargo or the container(s) or package(s) said to contain the cargo herein mentioned, to be carriedsubject to all the terms and conditions provided for on the face and back of this Bill of Lading. Fromthe place of receipt or port of loading to the port of discharge or place of delivery shown herein andthere to be delivered. This bill of Lading duly endorsed must be sunendered in exchange for goods ordelivery express. None of the terms of this Bill of Lading can be waived by or for Carrier except byexpress waiver signed by Carrier or its duly authorized agent. IN ACCEPTING THIS BILL OF LADING, Merchant agrees to be bound by all the stipulations, exceptions. terms and conditions on the face and back hereof, whether written. typed, stamped. Orprinted as fully as if signed by Merchant, any local custom or privilege to the contrary notwithstanding,and agrees that all agreements or freight engagements for and in connection with the transport ofGoods are superseded by this Bill of Lading. IN WITNESS WHEREOF the number of original Bills of Lading stated below all ofthis tenor anddate has been signed. one of which being accomplished, the others to stand void.	
Pre-carriage by	Place of Receipt		
Ocean Vassel/Voy NO.	Port of Loading		
Port of Discharge	Place of Deilivery	Finaldestination for the Shipper reference only	Number of Original B/L
Marks and Nos. Conataier No./Seal No	No. of pkgs or units	Kind of Packages: Description of Goods SHIPPER'S LOAD,COUNT & SEAL	Gross Weight	Measurement
TOTAL rqo, CONTAINERS OR PACKAGES(IN WCRDS)				
Freight and Changes	Prepaid	Collect	Payable at	Shihpped on Board the VesselDate
				place and Date of Issue
For Delivery of Goods Please Apply to			Signed for the Carrier	

Applicable only when document used as a Comblined Tran sport Bill ofLading (Terms Continued on back of Original B/L)

图6-22　提单样本

（二）报关单证

货物向海关申报出口放行后，报关行回传报关底单、放行通知书和装船单。其中，深圳港口起运的才有装船单。

1．报关单样本

报关单样本如图6－23所示。

E20190000165962231

中华人民共和国海关出口货物报关单

531620190165132019

企业留存联

预录入编号：531620190165132019　海关编号：531620190165132019　（大鹏海关）　页码/页数：1/1

境内发货人(91440605315279229Y) 佛山市XXX家具有限公司	出境关别(5316) 大鹏海关	出口日期	申报日期 20190116	备案号
境外收货人 HongKong XXX Furniture Co., Limited.	运输方式(2) 水路运输	运输工具名称及航次号 UN9736107/008W	提单号 A1812448301	
生产销售单位(91440605315279229Y) 佛山市XXX家具有限公司	监管方式(0110) 一般贸易	征免性质(101) 一般征税	许可证号	
合同协议号 1882019011501	贸易国(地区)(HKG) 香港	运抵国(地区)(GBR) 英国	经停/指运港(GBR000) 英国	离境口岸(470001) 深圳

包装种类(22) 纸制或纤维板制盒/箱	件数 452.0	毛重(千克) 9650.0	净重(千克) 8800.0	成交方式(3) FOB	运费	保费	杂费

随附单证及编号

标记唛码及备注
集装箱标箱数及号码：SEGU5874590

项号	商品编号	商品名称及规格型号	数量及单位	单价/总价/币制	原产国(地区)	最终目的国(地区)	境内货源地	征免
1	9401300000	办公椅 0|2|坐用|钢制|可调节、可转动|无品牌	260.0个 4600.0千克 260.0个	75.0000 19500.00 美元	中国 (CHN)	英国 (GBR)	(44069)佛山 其他	照章征税 (1)
2	9401300000	办公椅 0|2|坐用|钢制|可调节、可转动|无品牌	192.0个 4200.0千克 192.0个	75.0000 14400.00 美元	中国 (CHN)	英国 (GBR)	(44069)佛山 其他	照章征税 (1)

特殊关系确认：否　价格影响确认：否　支持特许权使用费确认：否　自报自缴：否

报关人员　报关人员证号　电话　兹申明以上内容承担如实申报、依法纳税之法律责任　海关批注及签章

申报单位 深圳云路报关报检有限公司　申报单位(签章)

深圳云路报关报检有限公司 (1) 报关专用章

图6－23　报关单样本

第六章 客服接单流程

2. 放行通知书样本

放行通知书样本如图6-24所示。

通关无纸化出口放行通知书

深圳市德汇祥国际货运代理有限公司

你公司以通关无纸化方式向海关发送下列电子报关单数据业经海关审核放行,请携带本通知书及 相关单证至港区办理装货/提货手续。

大鹏海关海关审单中心
2021年 4月 17日

5316202101607228880

预录入编号: 531620210160722880	海关编号: 531620210160722880		
出口关别((5316)) 大鹏海关	备案号	出口日期	申报日期 20210417
收发货人 创新科技有限公司	运输方式(2) 水路运输	运输工具名称 UN9231810/89E	提运单号 H2116793947
生产销售单位(91440400MA4UQ____) 创新科技有限公司	监管方式(0110) 一般贸易	征免性质(101) 一般征税	结汇方式
许可证号	运抵国(地区)(USA) 美国	指运港(地区)(USA264) 洛杉矶(美国)	境内货源地(44041) 珠海特区
批准文号	成交方式(3) FOB	运费(USA264)	保费(USA264)	杂费(44041)
合同协议号 D4-2104-N74	件数 250	包装种类 纸制或纤维板制盒/箱	毛重(千克) 4125	净重(千克) 4000
集装箱号 BSIU9609309*1(2)	随附单证		生产厂家
序号	商品名称、规格型号	数量及单位	原产国(地区)	单价	币值
1	理发剪 4|0|Limural牌|K11S型号	5000件 5000个 4000千克	美国(USA) 原产国:中国	16.4100	USD(美元)

兹申明,以上通知由我公司根据海关电子回执打印,保证准确无讹。

深圳市德汇祥国际货运代理有限公司(签印)
2021年04月18日

图6-24 放行通知书

3. 装货单样本

装货单样本如图 6－25 所示。

E	UN9290127 20E		H	H9155503946

深圳港口国际集装箱运输标准单

Shipper (发货人) 企业服务有限公司	D/R No. (编号) ZIMUSHH30531602
Consignee (收货人) TRADE CO, LIMITED	ZIM
Notify Party (通知人) SZHTX	深圳市招商国际船舶代理有限公司 集装箱货物托运单 船舶代理留底
Pre-carriage by (前程运输) Place of Receipt (收货地点)	
Ocean Vessel (船名) Voy. No. (航次) Port of Loading (装货港) SEASPAN MELBOURNE/20E YANTIAN	
Port of Discharge (卸货港) Place of Delievery (交货地点) LOS ANGELES	Final Destination for the Merchant's Reference (目的地)

Container No. (集装箱号)	Seal No. (封志号) Marks & Nos. (标记与号码)	No. of containers or P' kgs (箱数或件数)	Description of Goods (货名)	Gross Weight 毛重(公斤)	Measurement 尺码(立方米)
ZCSU8652089/40HQ	A4210583557	16	女士上衣 1X40' 深圳市鑫汇祥国际货运代理有限公司 报关专用章	226.1	

TOTAL NUMBER OF CONTAINERS OR PACKAGES (IN WORDS) 集装箱数或件数合计(大写)					
FREIGHT & CHARGES (运费与附加费)	Revenue Tons (运费吨)	Rate (运费率)	Per (每)	Prepaid (运费预付)	Collected (到付)
Ex Rate: (兑换率)	Prepaid at (预付地点)	Payable at (到付地点)		Place of issue (签发地点)	
	Total Prepaid (预付总额)	No. of Original B(s)/L (正本提单份数)			

Service Type on Receiving	Service Type on Delivery	Reefer Temperature Required (冷藏温度)	F	C
□ -CY, □ -CFS, □ -DOOR	□ -CY, □ -CFS, □ -DOOR			

TYPE OF GOODS 种类	□ Ordinary, (普通) □ Reefer, (冷藏) □ Dangerous, (危险品) □ Auto (裸装车辆)	危险品	Class: Property: IMDG Code Page: UN No.
	□ Liquid, (液体) □ Live Animal, (活动物) □ Bulk, (散货) □ ______		

可否转船:	装船期:	托运人签名、盖章:
可否分批:	结汇期:	
FOB金额:		
制单日期:		电话/传真:

图 6－25 装货单样本

九、费用结算

货物确认开船出运后,货运代理需制作费用,在系统中录入应收和应付成本费用,进行核算订单利润。

(一)应收费用

核算并录入应收费用,然后发送给客户,由客户进行确认。如需开发票,在客户确认后,由货运代理开具发票给客户以便其支付费用。

(二)应付费用

收到供应商账单,复核无误后录入应付成本费用,审核确认。

十、常见问题

(一)产品没贴 MADE IN CHINA 标签、SKU 标签

货物入仓后,如发现没贴 MADE IN CHINA 和 SKU 标签,应与客户核实确认后,由仓库安排代贴,这时会产生贴标费用。

(二)目的港清关低申报货值(warming)或海关编码不符

申报货值过低,海关审核不通过的,需与客户进行核实确认,修改单价。
海关编码不符的,需与客户进行核实确认,修改编码重新申报。

(三)快递派送丢件

货交快递服务商后,在运输途中出现异常,一直没有显示签收,需向快递公司发起核查,正常处理时效为 14 天。超出时效,后台也未有上架数据或数据不齐的,由客户提供最新后台上架截图,核实后按快递公司赔偿标准

100 美元/票赔付。

（四）客户后台上架数量异常

货物入仓后，客户反馈上架数量与实际不符的，正常情况下应让客户关注后台上架数据一周，若到时还没齐货，则由客户提供最新后台上架截图，核实后按货值进行赔偿。

（五）单箱限重及超重处理

单箱货重一般不能超过 15 kg，假如超重，必须在外箱上贴上超重标签。

（六）海外仓退换标

（1）货物已派送 FBA 仓库。货物已派送 FBA 仓库，因后台销售问题引起 FBA 和 SKU 标签需做更换，这时需卖家向亚马逊仓库发起退货申请，把货物退回海外仓，并要重新在后台创建销售订单，提供新的 FBA 和 SKU 标签，由海外仓重新贴标再发货。

（2）货物未派送到达 FBA 仓库。客户预先收到亚马逊通知订单有异常，不能正常销售的，在货物到达海外仓未派或已在派送中的情况下，能拦截就立即拦截下来，返回海外仓换标后再派送。如在派送中不能拦截下来的，只能等货到 FBA 仓后，再进行退回换标操作。

第七章 分拨中心

分拨中心是对货物进行分拣、处理、存储、进出仓等一系列操作的地方。对分拨中心的管理在物流管理中占据着核心的地位，比如跨境电商物流行业，国内外仓库是非常重要的，其资产投入很大，包含租金、水电、设备、人力、运营成本等，要让仓库运作得更加高效、安全，就要做到仓库管理的标准化、制度化、可视化和可复制化。

国内仓库作为出口运转环节中对货物把控的最后一道环节，是货物入库、查验、出库的一个重要载体，我们把它比喻成机器人。如何让这庞大的机器人运作起来呢？笔者接下来将对此进行讲解。

一、常用词汇、标签

（一）常用词汇

FBA：fulfillment by Amazon，即亚马逊物流配送。

入仓单：司机携带的一式二份入仓文件，上面需要有 S/O 号、二维码、渠道国家、品名、仓库代码、件数、重量、体积、FBA 号、装卸注意事项等。

loading plan（LP）：装柜计划（文员需在系统导出装柜单）。

booking confirmation：船司的舱位确认单。

FBA shipment ID：亚马逊系统自动生成的商品编号。

warehouse code：亚马逊的仓库代码。

SKU：stock keep unit，即单件商品编码。

FBA label：亚马逊系统自动生成的商品唛头（FBA 标签）。

MIC：made in China，即中国制造。

（二）标签

部分标签样式如图 7-1 至图 7-3 所示。

 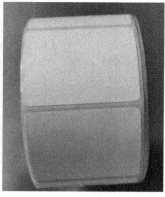

图7-1　MIC　　　　图7-2　标签样式1　　　　图7-3　标签样式2

二、仓库人员架构

（一）入库组

入库组安排车辆靠台卸货，扫描入库，清点数量、票数，测量货物数据，签收入仓单，安排入库并录入库位。

（二）出库组

出库组根据操作系统指令安排备货，核对车辆信息，扫描出库，安排装柜，核对数量。

（三）机动组

机动组跟进客服、操作人员，提出问题，处理异常；贴唛头、SKU或其他标签；货物查验；数据录入系统；统计数据；记录费用；货物退仓衔接。

三、操作流程

(一) 入库组

1. 入仓指引

仓库是普通仓性质的,只能存放普通货物,危险品、特殊货物等不可安排到普通仓。

2. 入仓指引

入仓指引流程如图 7-4 所示。

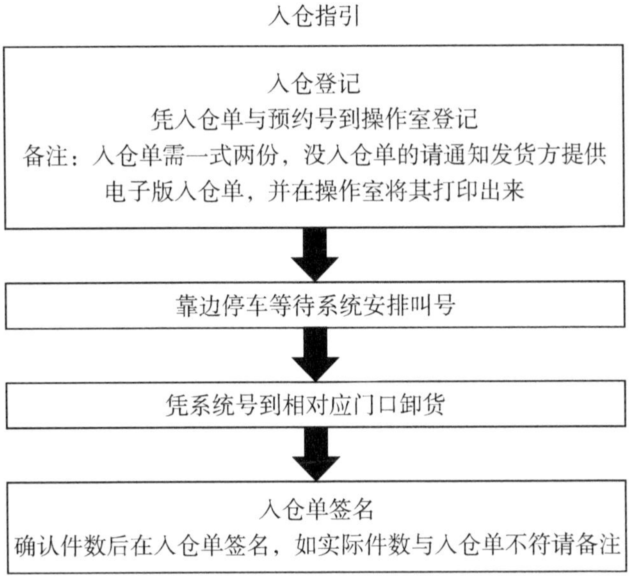

入仓指引

```
入仓登记
凭入仓单与预约号到操作室登记
备注：入仓单需一式两份，没入仓单的请通知发货方提供
电子版入仓单，并在操作室将其打印出来
```
↓
```
靠边停车等待系统安排叫号
```
↓
```
凭系统号到相对应门口卸货
```
↓
```
入仓单签名
确认件数后在入仓单签名，如实际件数与入仓单不符请备注
```

图 7-4 入仓指引流程

3. 车辆到达

车辆到达园区,必须靠边停车。如车辆阻挡车道,仓库工作人员要进行疏通。

4. 办理入仓

入仓单样本如图 7-5 所示。

图 7-5 入仓单样本

5. 系统呼叫预约号

卸货口人员按预约系统呼叫下一车辆,司机收到信息后到指定的卸货口卸货;若无预约,则现场进行预约、登记、排队卸货;若过号,则呼叫下一辆车。

6. 靠台

司机按照现场系统叫号到对应卸货平台将车辆靠台。

7. 卸货、分拣

司机将入仓单与预约号交给入库人员,然后卸货并核对票数。

数据人员核对唛头信息与入仓单是否一致,每一票货物的唛头、地址、件数、渠道的准确率均要达到100%。

数据人员要求卸货人员对货物进行分尺寸,尺寸的件数也要准确无误。自动化设备可精简此步骤。

堆放,同一票货堆放在同一板上,不同S/O号的货物需分开卡板堆放。

检查来货包装是否异常，除正常的纸箱外，若有打绷带、打托、塑料袋包装、麻袋包装、木箱包装、玻璃包装、金属包装、混装（单单混、箱规混、唛头混）等需要反馈给客服，等待处理。

与司机签收收货情况，入仓单上要有司机签名与卸货口人员签名，以及交接时间与实际收到的件数。如实际入仓货物和入仓单不一致（唛头、件数、渠道、地址），需注明货物，要求司机和经手人签名，并立即通知客服。

8. 测量数据

用数据交接单采集数据。采集时必须分清正确的件数与尺寸，页面要清晰，字迹要工整。

数据交接单及时交由文员 IP 端录入。卸货完毕后，2 小时内必须录入数据。

9. 入库

用 Morelink 仓储系统扫码入库，如二维码扫不出，可输入单号入库。入库时，应先对应地址，再对应渠道，最后输入库位信息（库位要完全正确）。

入库票必须一票一票放在同一库位，如遇特殊情况，要分两库位，必须录入实时库位。

如货物有移动，需重新更新系统库位信息。

10. 异常案例分析

在入库中最常遇见的异常情况是数量与实际入仓单中的件数不一致，导致客户和客服花时间去寻找和核对。出现这种情况有两种原因：一是客户装车时数量没核对，二是入库组卸货时数量没点清。对此，解决方法是当场与司机或送货人员确认，现场再次清点核对数量后双方签字确认。

另一常见异常情况是数据测量不准确。在传统的数据测量中，以测量平台称为主，卷尺也是其中一种常见的测量工具。不同人、不同工作习惯和方法会使测量出的结果存在差异，就算是同种箱规尺寸，测量结果也会不一样。因此，需要采用专业化的流程和进行技能培训，以减少差异。最有说服力的测量工具是自动测量扫码机，每件产品箱体都利用红外摄像头测量，当客户提出异议时可以调取数据和提供图片。目前，大多数物流公司的数据测量在向自动化测量这个方向推进。

（二）机动组

1. 异常处理

客服或操作人员提出尺寸、数据、重量、货物不齐等异常情况，必须做到百分之百回应。

复测异常，需拍照和拍视频留底。

通知反馈，异常处理完毕要及时通知和反馈给客服或操作人员。

系统更改，异常处理需在系统重新备注更新。

更新完毕，及时反馈给客服或操作人员。

客服或操作人员回应，异常处理完毕。

2. 贴标

货物无唛头、唛头不符合标准，换唛头、中国制造、SKU，要及时通知客服或操作人员进行处理，要求当天处理完毕。

处理完毕，需拍照和拍视频留底，在系统备注费用（如无照片留底与系统备注，容易造成费用无法核对）。

及时反馈给客服或操作人员，告知异常已处理完毕。若无反馈，客服或操作人员会认为无处理，导致货物无法装柜，造成时效的赔偿。

记录费用，即每天记录当天处理异常的费用总和。

3. 查验

货物查验，发现特殊标志（UL、ETL、FCC、蓝牙等）或货物不符合出货要求（无唛头、中国制造等），要及时反馈给客服或操作人员。

进行拍照反馈。

记录文档，记录一天内的异常情况并发送给客服或操作人员。

系统更新。

4. 异常信息处理

根据客服或操作人员提出的异常（如货物进仓但无信息、货物未到仓等），用仓库小程序搜索单号，出现库位，处理后进行回复、通知。若没库位，则要将结果反馈给组长。要求留存照片、视频等资料。

5. 库内异常

发现货物阻挡通道、错放，要反馈给组长，让组长反馈给相应对接的人。

如有客服或操作人员反映车辆阻塞，货物数据等候时间过长，需帮助确

认查找。

6. 打托

货物需要在截单前 1 个工作日进仓，客服在出仓前一天工作日上午 10 时前给出打托指示。

根据操作指示将在仓货物打托。托盘尺寸标准为长 1.2 m、宽 1 m、高 1.8 m。

注意：货物如无特殊标志（不可倒置），打托时可不考虑方向；要求打托后的货物四个面都必须至少有一个 FBA 标签。

7. 提货

客服或操作人员在系统建单后，打开 Morelink 系统下载提货单（有司机信息、提取货物单号等）。

拿到提货单，对应车牌，对应单号，点清件数，扫码出库装货物。

装完需拍照留底并通知客服或操作人员。

8. 退仓

客户在系统下退仓指令。客服接收退仓订单指令，订单受理后推送至操作人员。操作人员接收退仓指令后实施订单撤销。仓库接收退仓执行指令，扫码退仓并签退仓单。拍照留底。

9. 异常案例分析

机动组属于整个分拨中心的后勤部门，对接内部组别、客服、操作人员、客户、业务等，其涉及面最广。机动组常做的工作就是产品查验。

验货涉及专业的产品和出口报关知识，如产品是否为中国制造，是否带电，是否材质符合标准，其中最关键的是是否有品牌。一些客户有冲货的心理，明知品牌涉及侵权，却刻意隐瞒。还有就是有些客户的品牌观念不强，导致到目的港清关的时候货物被海关扣关和罚没，派送时效延误。因此，前端的货物查验异常重要。

（三）出库组

1. 装柜要求

同一个柜的同个地址货物必须安排装一起。

重货不得压在轻货上面。

同一个柜、同一种箱规但不同地址货物需分开。

不同快递派送需区分开。

快递派送货物快递标签不能朝地或在柜上摩擦。

装柜最后一排如有快递标签,标签需面向货柜内部,以免柜门损坏或磨损标签。

禁止带私人物品上柜。

扫码确认。

2. 装柜订单

对接操作人员排柜,从系统导出装柜单并打印。确认装柜订单,以保证此装柜订单为最新版本。

3. 备货

核对。拿到柜表(叉车和理货人员各一份)后,核对装柜表信息(柜号、封条)。

清点。渠道、件数、唛头,每票都必须清点无误。

移动到备货区的指定地点(必须与叉车同时交接清楚)。

4. 扫描出库

扫描唛头二维码,若无法识别,则需手动输入。

扫描装柜清单条形码。

核对重检正确。

5. 叉车上柜

叉车叉货装柜,扫码一票装一票,必须做到货清人离。

叉车人员监控装柜情况,如柜空间过大,通知理货人员,做到箱规大配小节省空间。

6. 重检

最后一票装完柜,理货人员复查装柜表序号,核实每一票情况,杜绝漏货现象出现。

7. 拍照

拍装完柜的最后照片,拍柜门信息照片,拍封条照片,拍装柜清单照片。

8. 锁封条

确认封条无误,司机锁上封条。

9. 车辆离仓

同步通知操作,装柜完毕。

10. 装柜异常处理

加货。若装完整柜还有空间，则可以找到渠道一样的货，拍唛头发给操作人员，核实要不要加货。

装柜异常。唛头、件数、渠道与装柜表不对，需上报核实清楚方可装柜。

快递派送装柜，如海派、美森快船。需贴快递标签，所贴快递标签需认真核对唛头、地址、件数，每一箱对应一张。标签不得重复，不得漏贴，不得飞边，不得磨损。柜尾门处的箱上快递标签朝里，不可朝外。

11. 异常案例分析

出库组是国内港前端最后一道关口，所有港后端的异常信息都与出库有关联，因此把控好最后一道关口的重任也就落在出库组身上。出库常见的异常有错装、漏装货。

错装的原因有三个：一是理货人员理货失误，理货待装区摆放凌乱、混杂，导致叉车人员叉错货物；二是叉车人员出库扫描过程中没按照标准操作程序（standard operating procedure，SOP）操作，没有核对好唛头和扫描步骤；三是没有核对所对应的柜号，将非此柜子的货安排上柜。

漏装的原因有三个：一是清点数量不清晰、不记录，造成实际出库数量混乱；二是待装区域没处理完就去装另外一票货；三是库位不清晰，导致货物丢失和无法确认位置。

四、SOP 流程

SOP 流程如图 7-6 至图 7-8 所示。

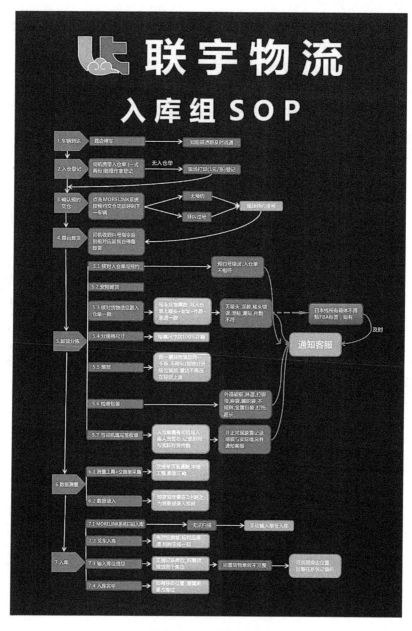

图 7-6 入库组 SOP

第七章 分拨中心

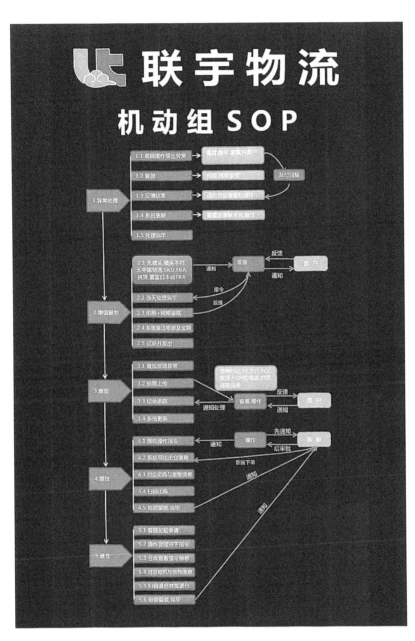

图7-7 机动组SOP

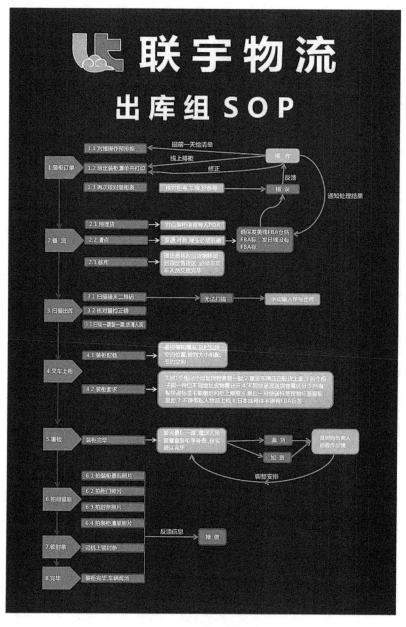

图 7-8 出库组 SOP

五、仓库管理

（一）人员管理

严格按照公司规定的作息时间上下班，做到不迟到、不早退、不旷工。

上班时间内在各自岗位上尽职尽责，不做与工作无关的事情。

服从上级的工作安排，并按时保质、保量完成上级交代的任务。

非本公司员工不得随意进入仓库。因工作需要进入仓库的人员需经请示上级同意后，在仓管员的陪同下方可进入仓库。所有进入仓库的人员均必须遵守仓库管理制度。

工作人员应该培养良好的工作态度和工作作风，形成良好的工作习惯。

工作人员要求做事细心、认真、负责、诚实，有良好的团队意识及职业道德。

对于上级下达的任务要按时、按质完成。

各班组需严格按照仓库货物进出仓的 SOP 流程进行操作。

（二）货物管理

保证出入库货物数量的准确。

货物摆放整齐、整洁，科学管理，有序存储，符合货物存储和安全管理要求。

单据管理有序，登记及时、准确，电脑录单及时、准确。

异常货物及时沟通处理。

对货物定期盘点，核对库存。

退仓货物做好登记，核对标签、件数。

保证货物不变形，且能确保人员、货物及设备的作业安全。

货物方便管理人员收发、盘点和维护，便于装卸搬运作业。

便于信息系统管理，充分提高作业效率和仓储利用率。

货物轻启轻放，大不压小，重不压轻。标识直观清晰，标签朝外。

（三）仓库的安全、卫生管理

仓库工作人员每天都要对仓库区域进行清洁整理工作，清理不用的和坏的物品，并将仓库内的物料整理到规定的区域内，达到整洁、整齐、干净、卫生、合理的摆放要求。

对仓库内货物摆放做出合理的摆放和规划。

仓库卫生工作可以在仓库空闲的时间进行。

仓库内保持安全通道畅通，不可有堆积物，保证人员安全。

仓库内严禁烟火，严禁非仓库人员非工作需要进入仓库。

仓库内的规划区域要有明确标识，如产品摆放区、安全通道、不合格产品存放区、待发货存放区、消防设施摆放区等。

下班关闭窗户及锁上仓库门。

及时检查货物，如有异常或者安全隐患要及时处理和上报。

仓库内的高空作业要做好安全防范工作。

第八章　FBA 头程操作

　　如果把公司比喻成一台发动机，那么每个操作环节就是其中运转的重要齿轮。公司"性能"好不好，就看操作流程是否标准，是否完善。操作流程的涉及范围非常广，涉及订舱、提送货、入库、拖车、文件资料审核、出口报关、目的港清关派送等一系列过程。标准的操作流程和细节管理能够大大降低错误率和提高人效，将货物高效、安全、有保障地运出和派送，为客户带来良好的服务感受。

　　以下为大家展示每个操作环节的流程和重要细节，希望每位想要学习跨境物流经营者能够从中有所收获。

一、操作流程

FBA 头程操作流程如图 8-1 所示。

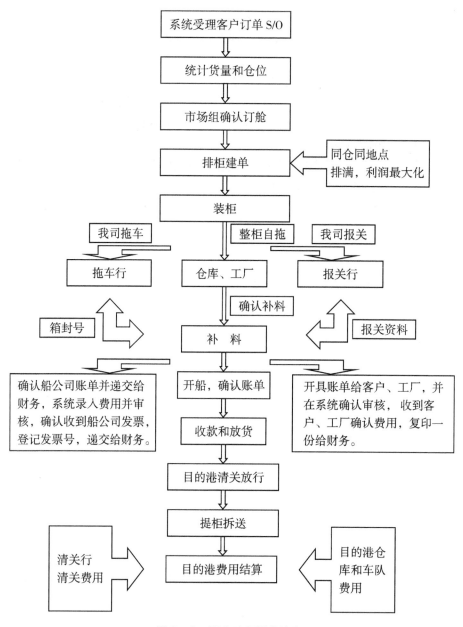

图 8-1 FBA 头程操作流程

二、关于整柜和拼箱的重要词汇释义

（一）海运整箱

这是指货方自行将货物装满整箱，以箱为单位托运的集装箱。这种情况通常在货主有足够货源装满一个或数个整箱时采用。

（二）海运拼箱

这是指承运人（或代理人）接受货主托运的数量不足整箱的小票货运后，根据货类性质和目的地进行分类整理。把为同一目的地的货按一定数量集中拼装成标准的集装箱，由承运人运送到收货人手中。

因为一个箱内的货由不同货主的货拼装在一起，所以叫拼箱。这种情况在货主托运数量不足装满整箱时采用。拼箱货的分类、整理、集中、装箱（拆箱）、交货等工作均在固定仓库地点安排。拼箱的一个缺点是，当其中一票货物出口通关发生问题时，就会直接影响到箱内其他货物的时效。

（三）托单

托单是托运人在货物出运前，向承运人申请仓位及满足其他相关要求的书面申请。

三、头程操作流程及规范

（一）订单受理

1. 拼箱散货

通过系统受理客服的订单S/O，检查并确认渠道、产品信息、包装、散货交仓地址、件数、毛重、体积、目的地派送地址、单证资料信息、是否包税等信息，统计相应货量。

（二）整柜

通过系统确认受理客户的订单 S/O，确认起运港口、目的港、货物信息、柜型、装柜地址、装货时间、报关方式和单证资料信息。

注意事项如下：

（1）确认出货抬头信息和收货人资料信息。

（2）整柜注意特殊柜型和特殊单证资料审核（如带电产品、液体危险品等）。

（3）特殊产品类，如玩具、医疗用品、健身用品等，需要特殊的资质和证书。

（三）订舱

1. 拼箱散货

在截订单时间后，根据货量跟市场组确认舱位数量和匹配船期，以便安排对应装柜时间。

2. 整柜

接到订单后向市场组下单，确认匹配船期和对应海运费用，拿到对应船司 S/O 相关信息。

（四）货物入库和单证交接

对于拼箱散货，可以通过系统确认客户货物是否准时入库，并核查实际入库的货物尺寸和件数，包装是否符合标准，货物的发票和单证报关资料是否提供完整，为后面排柜装货环节做好前期准备。

（五）拼箱和整柜排柜配舱

1. 散货排柜目标

满柜，利润最大化。

2. 散货拼箱原则

（1）在截订单数据时间内订舱，货物在截货时间点内到仓的，都必须

保证上柜,保留仓位。

(2)同渠道、同一个 FBA 仓的货物要排在一起,一个柜子的体积应不小于 68 m³。

(六)装柜、进港、报关放行、开船

1. 散货拼箱

根据匹配船司的船期,对应船司在截文件时间前提柜装货,在截重柜前还重柜到码头,在截海关放行前向海关申报放行并提交放行条,等待开船。

2. 整柜

根据匹配船司的船期,商定装货时间,安排拖车到指定点装柜,及时在截重柜前还重柜,安排报关放行并提交放行条,等待开船。

(七)出口报关、单证报关(一般贸易和手册报关)

1. 一般贸易

客户需要提供报关单、箱单、发票、合同、报关委托书、申报要素。基本申报要素包括品名、成分、用途。此外,还需要根据不同的海关编码提供相应的申报要素。

2. 手册报关

这是海关免税监管方式的一种,一般分为进料加工手册、来料加工手册。进口原料及辅料不需交纳关税,只需将其进口的数量登记在海关发放的手册上,出口时再在手册上登记出口成品的数量,完成合同或手册到期时海关将核对其进料和出口成品的数量。若转为内销,则需要补交进口关税。

3. 2021 年 1 月起,手册报关需要授"三权"

"三权"分别为操作权、报关权和查询权。手册报关需要提供加工手册、箱单、发票、报关委托书、申报要素(注:手册报关只有加工手册资料,无合同)。

如果是单证报关,客户需要提前做好电子委托。

报关时间应在还柜后,船开前 2～3 天。

报关资料的审核如下:

(1)发票文件夹。用 S/O 找到对应的装箱单、发票,审核对应的品名、件数、用途、申报金额,按相关的资料做报关资料。

(2) 审单证资料（境外收货人、出口关别、监管方式，判断是用合同还是手册）、贸易国、件数、品名、贸易条款、报关要素，审核申报金额是否与发票相符。

(3) 报关前注意申报金额，超过限定金额需要同报关行沟通确认。

（八）退关

报关放行后，若临时接到客户通知，货物被国外客户取消，要求退关，则需要向海关出具书面说明，提交退关申请（包括原报关单、装箱单、发票合同），等待海关批准后即可监管出闸。

（九）AMS 和 ISF（"10+2"）文件

1. AMS 申报

AMS 也叫作 24 小时舱单预报或美国海关反恐舱单（automated manifest system）。根据美国海关的规定，所有至美国或经美国中转至第三国的货物都必须在装船前 24 小时向美国海关申报，要求最接近直接出口商的货代发送 AMS 资料。

AMS 资料通过美国海关指定的系统直接发送到美国海关数据库中，由美国海关系统自动进行检查及回复，回复确认后才能上船，否则货物无法上船。

2. ISF（也叫"10+2"申报）

ISF 即进口安全申报（importer security filing）和运送人附加要求，要求美国进口商（10 项申报内容）和船公司（2 项申报内容）必须在开船的 48 小时前完成申报，并通过 AMS 或 ABI 系统将电子申报数据送入美国海关。

在 ISF 申报操作方面，进口商可以委托其信任的海外代理代为申报。如果漏申报，就会产生 5000 美元罚款。ISF 申报的具体内容如下：

(1)"10+2"中的"2"，是对船公司的申报要求。

a. 船舶积载计划（vessel stow plan）。

b. 装载集装箱的状态信息（container status message）。

(2)"10+2"中的"10"，是要求装船前 24 小时再增加申报 10 个信息单元。

a. 制造商的名称和地址（manufacturer name and address）。

b. 卖方的名称和地址（seller name and address）。
c. 买方的名称和地址（buyer name and address）。
d. 货物送达的公司名称和地址（shipto name and address）。
e. 美国进口商的海关登记号（importer of record number）。
f. 美国收货人的美国保税号码（consignee number）。
g. 所有货品的原产地（country of origin of the goods）。
h. HS商品编号前六位（harmonized tariff schedule No. 6 digit）。
i. 集装箱的装柜地址（container stuffing location）。
j. 拼箱的公司名称和地址（consolidator name and address）。

（3）ISF模板如图8-2所示。

图8-2 ISF模板

（十）开船提单确认和签发

提单是指一种用以证明海上货物运输合同和货物由承运人接管或装船，以及承运人据以保证交付货物的单证。它是收货人提货的凭证。

在船司截文件时间内，向船司、订舱货代提交提单信息（一般与 AMS 文件一起提交）。船司或订舱货运代理会回传提单草稿件，物流公司核对后确认。

提单内容包括：
（1）船名航次。
（2）提单号。
（3）承运人名称。
（4）发货人。
（5）收货人。
（6）通知人。
（7）装货港、卸货港、转运港。
（8）货物的名称、标志、包装、件数、重量、体积。
（9）运费的支付条款。
（10）提单签发日期、地点、份数、承运人或由其授权人的签字或盖章。

注意：提单要提供 HS code，并注明是否含木质包装。

（十一）费用确认和结算，放货提单

（1）开船后，船司或货运代理开出账单，物流公司确认并支付运费，安排放货。

（2）开船后，根据市场报价，开出对账单给客服或客户，费用收回后，安排放货。

（3）放货提单有 3 种，分别为正本提单、电放提单、SWB 提单（图 8-3）。它们的区别如下：

a. 正本提单（original oceanbill of loading）是指经过承运人、船长或其代理人签字盖章并注明签发日期的提单。一套提单通常是"三正三副"，任何一个正本都可以作为提货凭证，一般是全套正本提单一起流转。发货人（shipper）发运后，一般是通过银行（跟单信用证或托收收汇）将全套正本

第八章　FBA 头程操作

图 8-3　SWB 提单样本

提单转交收货人（consignee）。发货人只要把符合信用证要求的单据交给银行，银行就给发货人支付货款；收货人只要向银行支付货款，银行就把从发货人那里得到的全套正本提单交给收货人，收货人就可以提取货物。也可通过国际快递（非跟单信用证或托收时）转交收货人。

b. 电放提单（telex release ocean bill of loading）是指在托运人向承运人（船公司）提出申请并提供《电放保函》后，由起运港的船公司或其代理通过电邮或其他方式电传通知其目的港代理——某提单项下货物不需要凭正本提单放货，收货人可凭电放提单扫描件、传真件（需由收货人公司盖章）、身份证明提取货物。

c. 电放提单可以解决"货等单"的问题，尤其是近洋运输。近洋运输航期短，易出现货物已到目的港，但正本提单还没到的问题，导致收货人提不了货而耽误时间，还可能产生额外费用（如压港费、仓储费等）。

d. 正本提单在一定条件下可以流通和转让，电放提单则不能流通和转让。正本提单做电放之后，就会丧失物权凭证的功能和可流通性和可转让性，因此电放提单和正本提单差别很大，但是电放提单的功能和使用与海运单却十分相似。

e. SWB 即 sea way bill。SWB 不具物权凭证，故不能转让，一旦进行 SWB 操作，货权就不再属于发货人，因此这种放单方式是风险最高的。

（十二）异常处理和案例说明

关于名牌产品的出口。所谓名牌，是指在中国海关网站上的知识产权备案项能查询到的品牌。美国保险商实验室（Underwritar Laboratories Inc.，UL）给出认证，这个认证会在插头或者电线上显示"UL"。

海关对 UL 认证严查。2020 年 10 月，有一个拼箱柜子从中国运到美国洛杉矶，在出口报关过程中，中国海关通知查验。在查验过程中，发现一票货的外包装上面有 UL 认证，因未在海关备案中查到授权，海关直接通知要扣货并由法规科处理。半个月后，客人并未得到权利人的授权，最终带有 UL 认证的货被扣在海关查验仓库，其他货先安排发走。后续海关又给了 1 个月的时间给客人去联系权利人解决。但最终因为没获得授权，此票货被海关罚没，扣货销毁，并按货值的 30% 罚款。

（十三）品牌产品处理方式

第一，自备单证的，必须要自备单经营单位提供电子授权书。

第二，对于品牌产品，厂家一定要确认是否授权到工厂。如果工厂有授权，报关的时候就会在收货人处打上厂家信息，再与客户签订一份协议书，这样可以减少不必要的异常。

（十四）投诉处理

设置投诉窗口，专人协调对接异常事件，及时处理投诉。

四、尾程操作流程及规范

（一）重要词汇释义

1. 清关

清关（customs clearance）是一个经济学术语，即结关，是指进出口或转运货物出入一国关境时，依照各项法律法规和规定应当履行的手续。

只有在履行各项义务，办理海关申报、查验、征税、放行等手续后，货物才能放行，货主或申报人才能提货。同样，载运进出口货物的各种运输工具进出境或转运，也均需向海关申报，办理海关手续，得到海关的许可。货物在结关期间，不论是进口、出口或转运，都处在海关的监管之下，不准自由流通。

2. 报关行/清关行

报关行/清关行是指经海关准予注册登记，接受进出口货物收发货人的委托，以进出口货物收发货人名义或者以自己的名义，向海关办理代理报关业务，从事报关服务的境内企业法人的企业。

（二）核实开船

报关放行后，根据预计的开船时间，可在船公司官网进行查询核实开船时间。正常情况下，在预计开船时间当天或第2天官网上会更新，超出2天未更新，需与船公司及时确认是否甩柜或延船。遇到甩柜或延船需附上船公司通知告知客户。

（三）发送目的港清关资料

一般在开船后3个工作日内将确认好的清关资料发给国外清关行。清关需要以下文件：

跨境物流 SO EASY

（1）提单，进口到货需要以此换取提货凭证。

（2）发票，主要内容有中英文品名、材质、用途、数量、单价、总价、海关编码。进口涉及进口口岸的海关申报，关务审核品名、货值及海关编码的申报是否正确，如发现货值、海关编码不符的，将其发给客服与客户确认最终的数据。税金是以申请金额的百分比来收取，百分比由货物种类决定。

（3）装箱单，主要内容有中英品名、件数、单件申报总件数、毛重、体积。

做好以上资料后，需在开船 7 天内将清关资料提供给清关行。清关行根据预计的到船时间，在船到港前 3 天左右完成清关操作。清关过程中，若涉及带木的产品，根据海关的要求，通常需要提供相应的 LACEY 和 TSCA。如产品涉及 FCC、CE、FDA、TSCA、DOT、CPSC、CPC、EPA，客户需提供相关的证书。

清关模板如图 8-4、图 8-5 所示。

				Commercial Invoice						
INV.NO.:						DATE:				
B/L NO.:						CNTR NO.:				
SHIPPER:						CONSIGNEE:				
ADDRESS						ADDRESS				
SHIP TO										
NO	Description (English)	Description (Chinese)	Material	Usage	Qty(Pcs)	Unit Value (USD)	Total Value (USD)	HS code	Photo	Brand
序号	英文品名	中文品名	材质	用途	数量（个）	单价	总价	海关编码	产品图片	品牌

图 8-4　发票模板

		Packing list					
				DATE			
B/L NO.:				CNTR NO.:			
SHIPPER:				CONSIGNE			
ADDRESS				ADDRESS			
SHIP TO:				ETD		ETA	
NO.	Marks	Description (English)	Description (Chinese)	Quantity	CNTS	Gross Weight	Volume
序号	唛头	英文品名	中文品名	个数	件数	毛重	体积

图 8-5　装箱单模板

对于木制品，其中出口到美国的受限植物及植物产品，美国进口商必须填写并提交植物及产品申报，模板如图 8－6 所示。

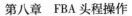

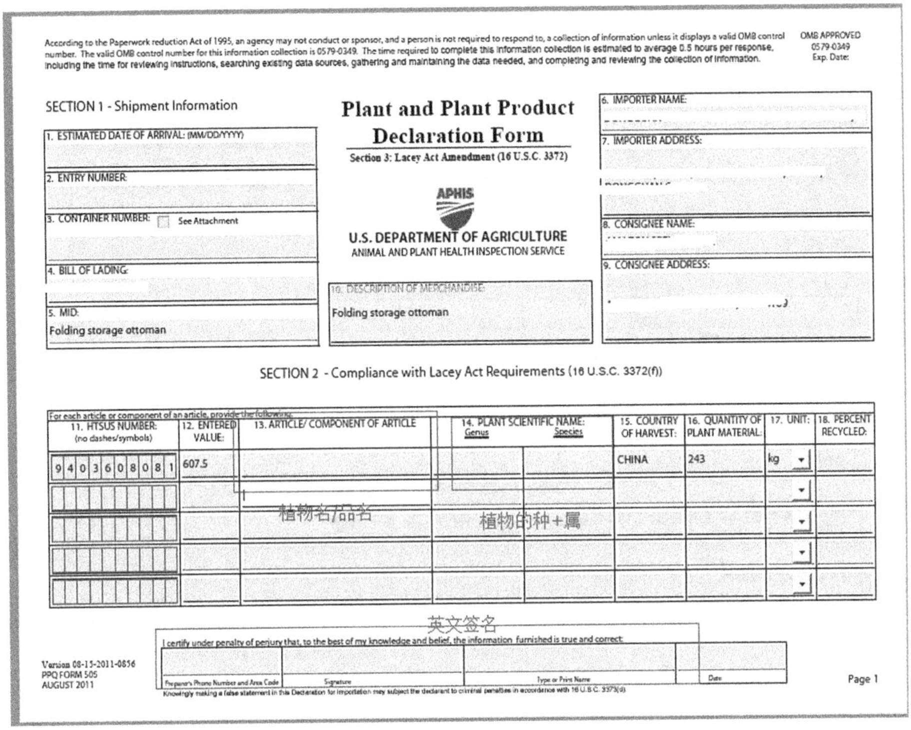

According to the Paperwork reduction Act of 1995, an agency may not conduct or sponsor, and a person is not required to respond to, a collection of information unless it displays a valid OMB control number. The valid OMB control number for this information collection is 0579-0349. The time required to complete this information collection is estimated to average 0.5 hours per response, including the time for reviewing instructions, searching existing data sources, gathering and maintaining the data needed, and completing and reviewing the collection of information.

OMB APPROVED
0579-0349
Exp. Date:

Plant and Plant Product Declaration Form

Section 3: Lacey Act Amendment (16 U.S.C. 3372)

APHIS
U.S. DEPARTMENT OF AGRICULTURE
ANIMAL AND PLANT HEALTH INSPECTION SERVICE

SECTION 1 - Shipment Information

1. ESTIMATED DATE OF ARRIVAL: (MM/DD/YYYY)
2. ENTRY NUMBER:
3. CONTAINER NUMBER: ☐ See Attachment
4. BILL OF LADING:
5. MID: Folding storage ottoman
6. IMPORTER NAME:
7. IMPORTER ADDRESS:
8. CONSIGNEE NAME:
9. CONSIGNEE ADDRESS:
10. DESCRIPTION OF MERCHANDISE: Folding storage ottoman

SECTION 2 - Compliance with Lacey Act Requirements (16 U.S.C. 3372(f))

For each article or component of an article, provide the following:

11. HTSUS NUMBER: (no dashes/symbols)	12. ENTERED VALUE:	13. ARTICLE/ COMPONENT OF ARTICLE	14. PLANT SCIENTIFIC NAME: Genus	Species	15. COUNTRY OF HARVEST:	16. QUANTITY OF PLANT MATERIAL:	17. UNIT:	18. PERCENT RECYCLED:
9403608081	607.5				CHINA	243	kg	
		植物名/品名	植物的种+属					

英文签名

I certify under penalty of perjury that, to the best of my knowledge and belief, the information furnished is true and correct:

Preparer's Phone Number and Area Code	Signature	Type or Print Name	Date

Knowingly making a false statement in this Declaration for importation may subject the declarant to criminal penalties in accordance with 16 U.S.C. 3373(d)

Version 08-15-2011-0856
PPQ FORM 505
AUGUST 2011

Page 1

图 8－6　植物及产品申报模板

《有毒物质控制法案》（TSCA）是美国管理工业化学品的重要法规，旨在综合考虑美国境内流通的化学物质对环境、经济和社会的影响，预防对人体健康和环境产生的不合理风险。美国环保局（EPA）负责落实 TSCA 对化学品的管制，美国海关与边境保护局（CBP）负责根据 TSCA 对化学品的进口进行检查。客户要填写的信息包括化学品成分、测试报告等。TSCA 模板如图 8－7 所示。

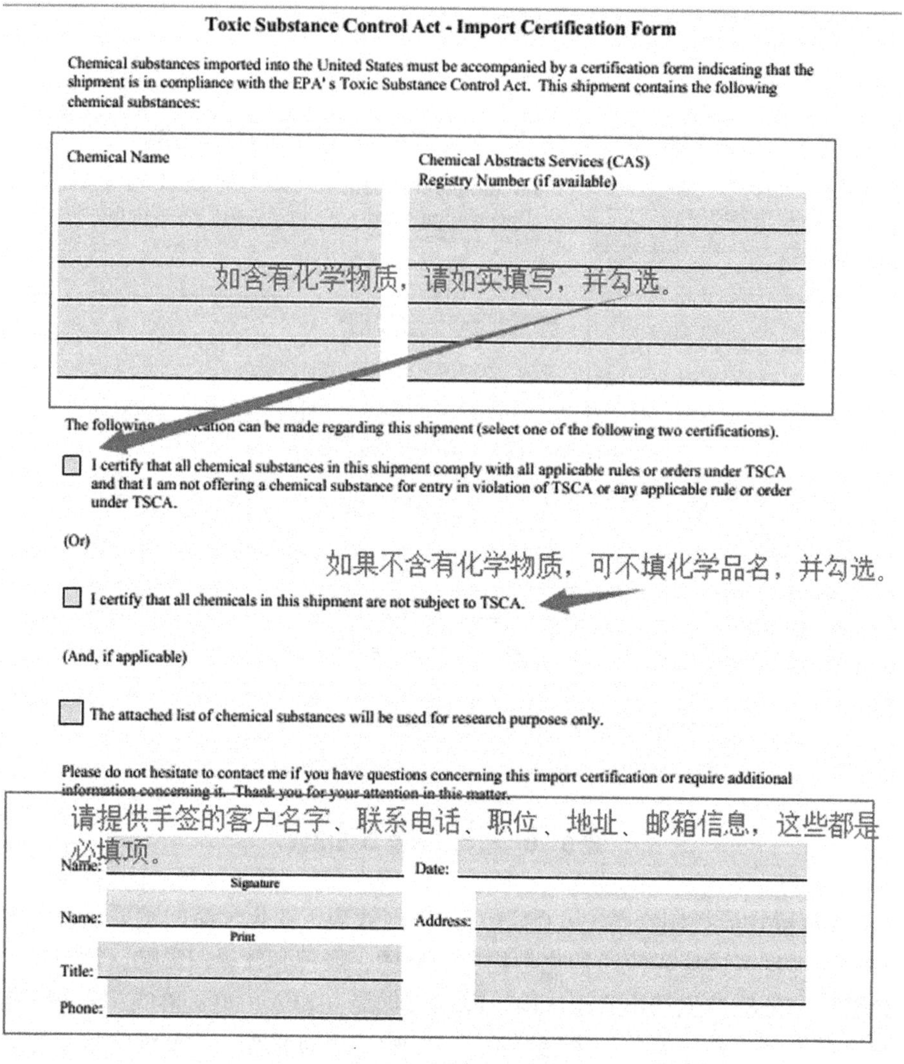

Toxic Substance Control Act - Import Certification Form

Chemical substances imported into the United States must be accompanied by a certification form indicating that the shipment is in compliance with the EPA's Toxic Substance Control Act. This shipment contains the following chemical substances:

Chemical Name	Chemical Abstracts Services (CAS) Registry Number (if available)

The following certification can be made regarding this shipment (select one of the following two certifications).

☐ I certify that all chemical substances in this shipment comply with all applicable rules or orders under TSCA and that I am not offering a chemical substance for entry in violation of TSCA or any applicable rule or order under TSCA.

(Or)

☐ I certify that all chemicals in this shipment are not subject to TSCA.

(And, if applicable)

☐ The attached list of chemical substances will be used for research purposes only.

Please do not hesitate to contact me if you have questions concerning this import certification or require additional information concerning it. Thank you for your attention in this matter.

Name: ____________ Date: ____________
Signature

Name: ____________ Address: ____________
Print

Title: ____________

Phone: ____________

图 8－7　TSCA 模板

（四）制作派送计划及更改

亚马逊的派送计划是根据客户提供的 FBA 号和 ID 来制作的。对于散货拼箱，根据不同的整个柜、亚马逊仓库和其他商业地址，以及柜子的到港时间，制定派送计划表。开船后，该计划表将被发放给美国仓库人员，美国仓库人员提前做好入仓预约安排。

（1）派送至亚马逊仓的，派送计划是根据客户提供的 FBA 号和 ID 来预约卡板交仓。

（2）整柜派送计划是根据客户提供的 FBA 号和 ID，以柜的形式预约交仓至美国亚马逊仓库。

操作人员在系统获取派送计划，需核查好相关的数据，确认无误后才能发出资料。

开船后，若需要更改派送计划，例如更改派送地址，则需要在到港前1周时间通知，以便将更改的派送计划发给美国仓库。

（五）目的港海关放行及查验

海关放行，即货柜到达目的国之后，在目的港海关需要进行清关操作，海关确认货物没有问题，给予放行。

美国清关行收到清关资料后，一般在货物到港前 2～3 天向美国海关发送清关信息，等待海关放行。如美国海关通知查验，货物到港后将安排货物送到指定查验场安排查验。

1. 美国进口常见的四种查验

（1）X-RAY EXAM/VACIS EXAM：X 光扫描，美国海运专线不拆柜，简单查验，违禁品、危险品查验。耗时 1 天左右。

（2）CET/INTENSIVE EXAM：升级版的违禁品查验，卸货查看货物与实际申报是否一致。耗时 5～6 天。

（3）MET EXAM：拆柜对箱数、品名、产品件数、金额、知识产权等细节的查验。耗时 3～5 天。

（4）TAILGATE EXAM：此种查验主要是在集装箱的后方进行查验，主要检查是否存在违规情况。如果当局发现可疑之处，就会下令进行密集检查。耗时 3 天左右。

以上所说的查验时间不包括集装箱在查验站的等待时间。旺季时，因港口拥挤，待查验的柜子增多，集装箱在查验站排队等待的时间也需要更久。

2. 常见查验部门

（1）MET：manifest examination team，主要检查商标，看是否存在仿牌、品牌侵权等情况。

(2) CET：contraband enforcement team，主要检查违禁品，如枪支等。

3. 查验通知如何看

(1) 7H：X 射线查验。

(2) 1H/4A/1A：MET、CET 查验。

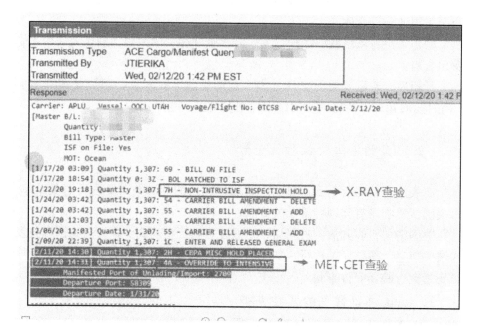

图 8-8　海关查验系统截图

4. 查验流程

查验流程如图 8-9 所示。

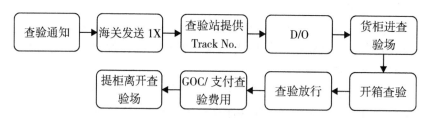

图 8-9　查验流程

（六）到港提柜派送及拆柜派送

美国海关通知正常放行且柜子到港后，需要等码头放行后才能提柜，卡车公司凭 D/O 到码头提柜。

拼箱的货物：将柜子提回美国仓库，由仓库人员安排拆柜、打卡板、放置在仓库指定位置，再根据预约的时间安排派送。

整柜派送：货物到港后，根据预约时间，从码头或火车站直接送亚马逊仓或目的地，到港后预计 1 周内完成交仓。

根据不同的派送地址（包括亚马逊仓库和商业地址等）和预约时间，安排卡车将货物送到指定目的地。

完成派送后，一般有 POD 签收单以确认签收并显示日期。

（七）到港提柜派送及拆柜派送

美国清关行完成清关和美国仓库完成提柜、拆柜、派送后，将对应账单提供给国内，物流公司根据实际产生费用成本录入系统，并安排付款结算。

第九章 海外派送情况

一、美日欧清关概况

在电子商务的货物流通中，目的国的清关尤为重要。笔者以常见的美国、日本、欧洲三个地区的清关业务做简略介绍。

（一）美国

美国是海关电子化程度非常高的国家之一，采取电子申报方式，随机查验，数分钟内即可知道清关结果。关税可以延后14天缴纳，但要求进口商（IOR）必须购买商业保险。美国清关分一般贸易进口（缴税进口）、321快递清关进口（针对TOC货物，TYPE86进口，简称T86清关，单票货物800美金以下免征关税）。

（二）日本

抵达日本的外国货物将被带入保税区，直到完成进口程序为止。日本的清关大类分为两种。

第一类，通常当货物到达时，航空公司或船运公司向进口商发出到达通知，以表明货物已经到达。进口商将货权提单、国际贸易合同、申报清单、必要证明等文件进行整理后，向管辖保管货物的保税地区的海关官署申报进口。

进口申报正式提交后，海关对进口申报的货物进行文件审查。对于需要检查的货物，在进行必要的检查及确认缴纳关税等税款后，允许其进口。进口商向保税地区负责人展示进口许可证后，就可以从保税区提取货物。这一系列程序就是进口清关程序。

进行海关检查的目的是防止对社会有害的商品流入，维护贸易秩序并确保适当征收关税。具体而言，海关主要从以下四个方面去判断进口申报书的

内容与实际产品的一致性:

(1) 是否有禁止进口的商品,如兴奋剂、麻醉品、手枪和其他对社会有害的商品,以及假冒品牌和其他侵犯知识产权的商品。

(2) 从食品卫生、植物流行病等角度来看,如果该货物需要除海关相关法律以外的法律法规要求的进口许可、批准等,需要核实其是否具有规定的许可、批准。

(3) 是否有任何迹象表明原产地是假的或错误的。

(4) 是否提交了正确的纳税申报表。

若涉及海关以外的法律法规,则应向具有管辖权的政府部门和机构索取相关的许可、批准。海关在核实该货物遵守了相应法律法规后,才会确认其进口许可。

此外,对于通过互联网邮购等方式输入的单个进口,同样需要执行进口清关程序。

第二类,跨境电商货物。针对亚马逊平台的货物,以及未在日本本土有真实贸易行为的进口商(简称空壳公司),在货物输入日本进口申报时,海关会以纳税不足或纳税申报不正确为由,直接判定必须按照"关税定率法第4条"(俗称逆算法)进行纳税申报。

根据逆算申报的方式计算,最终得到的申报货值会高出正常国际贸易申报货值的1~1.5倍。申报货值取值的公式为:

申报货值=(商品链接销售价-日本清关费用-FBA平台佣金、仓储费、派运费)÷(1+关税税率)÷1.1

以此可得到海关认为正确的"申报货值",然后再按照商品关税、消费税及地方消费税进行纳税。

(三) 欧洲

在欧洲,清关主要分为两大类:机场或港口直接清关(适合产品单一的整柜清关)和保税仓清关(适合一柜中分单很多的情况,可以将已经清出去的货物派送出去,没有清关的货扣在仓库中)。以德国机场清关为例,在FBA货物到达终程港口前24小时,航空公司需通知目的港海关和清关公司准备清关事宜。报关行在递交全部文件后,海关提供税单,货主按照税单上核定的税费缴税。不需要查验的话,货物正常放行。欧盟区各地各港流程不尽相同,但是基本内容都是相同的。

二、美国洛杉矶码头情况

(一) 洛杉矶港概况

洛杉矶主要的货物进出港口分为两大块,分别是洛杉矶港 (Port of Los Angeles) 和长滩港 (Port of Long Beach),如图 9-1 所示。

图 9-1 洛杉矶港

洛杉矶港位于美国西南部加利福尼亚州西南沿海圣佩德罗湾的顶端,是美国进行国际贸易的首要门户,也是西半球最繁忙的海港。它濒临太平洋的东侧,是美国第一大集装箱港。占地和水域面积达 3000 hm^2,海岸线长 69 km。

长滩港,仅次于相邻的洛杉矶港,是美国第二繁忙的集装箱港口。该港口是美国-亚洲贸易的主要门户,在加利福尼亚州长滩市占地 13 km^2,海岸线长 40 km。

第九章　海外派送情况

（二）洛杉矶常见的几个码头名称及靠港船公司

TerminalC60（PierC）：美森（Matson）。

West Basin Container Terminal（WBCT）：以星（ZIM）、万海（WANHAI）。

Long Beach Container Terminal（LBCT/PierE）：东方海外货柜航运公司（OOCL）、中远海运集装箱运输有限公司（COSCO SHIPPING）、达飞海运集团公司（CMA CGM）。

Yusen Terminals LLC（YTI）：海洋网联船务（ONE）。

APM Terminals（APM）：马士基（MAERSK）、现代海峰船务（HMM）、长荣（EVERGREEN）。

Pacific Container Terminal（PCT）：达飞海运集团公司（CMA CGM）、万海（WANHAI）、美国总统轮船公司（APL）。

Everport Terminal Services（ETSLA）：长荣（EVERGREEN）。

Fenix Marine Services（APL/Pier300）：美国总统轮船公司（APL）、达飞海运集团公司（CMA CGM）。

Total Terminals International（TTI）：马士基（MAERSK）、现代海峰船务（HMM）。

International Transportation Service（ITS）：马士基（MAERSK）、海洋网联船务（ONE）、阳明海运（YANGMING）。

（三）海柜提柜流程

海柜提柜流程如图9-2所示。

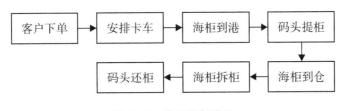

图9-2　海柜提柜流程

海柜到达目的港以前，船公司会提供到港通知。根据到港通知可以知道海柜的靠港时间及靠港码头，清关行也是根据到港通知发放提柜单（delivery order）的。

卡车公司会根据提柜单的信息去相应的码头做预约，并安排司机提柜。

（四）提柜基本资料

影响海柜放行的因素主要有船费、电放、海关查验、码头问题。

（五）基本费用解析

（1）疏港费（pier pass）。洛杉矶市为了缓解交通压力，对从洛杉矶港及洛杉矶港提集装箱的集卡车收取的费用。

（2）堆存费（demurrage）。不同的船公司因为不同的服务性质会有相对应的码头免堆期，俗称 LFD（last free day）。一般情况下 LFD 为 5～7 个工作日。如果海柜无法在 LFD 结束以前提出，码头就会收取堆存费。

（3）滞期费（detention fee）。海柜从码头提出以后，如果没有按照规定的时间归还码头，会被收取柜租费用（per diem）。滞期费也会因船公司的不同而有不同的收费标准。

（4）车架费（chassis fee）。由运营商收取在美国港口使用其车架的费用。目前，美森海柜一般不收取这个费用；以星海柜除直提服务以外，其他服务项目都是需要收取车架费的。

（5）车架分离费（chassiss plit fee）。若卡车司机必须在其他地方进行额外的行程来提取车架，则需要支付车架分离费。

三、美国的派送方式

电子商务的货物抵达美国中转仓后，会被派送到 FBA 仓库、第三方仓库或者消费者（C 端）。通常有以下两种派送方式。

（一）快递派送

UPS：单票货物重 1～150 磅，一般选择 GROUND 服务。单票货物 150 磅以上通常选择 GFP 服务（FBA 货物主选）。

FEDEX：单票货物重 1～150 磅，一般选择 GROUND 服务。单票货物重 150 磅以上通常选择 MWT 服务（FBA 货物主选）。

USPS：主要邮寄 10 磅以内货物，价格最贵，覆盖面最广。

第九章 海外派送情况

DHL：主要邮寄 20 磅以内的货物，价格不低，时效一般。

（二）卡车派送

在美国，超过 80% 的社区完全依靠卡车运送燃料、衣物、药品和其他消费品。卡车运输在美国本土大陆中起到了很大的作用。

1. 卡车派送方式

美国卡车的运输方式主要分为满载卡车（full truck load，FTL）和零担运输（lessthen truck load，LTL）。

（1）满载卡车，简单来说就是这趟货物仅有一次装运。它的优势就是时效更快，对货物的整体尺寸和重量要求低，整车派送的费用会更少，货物的安全性更好。

（2）零担运输，即货物量不需要整车派送。当货物重量在 150～15000 磅之间时，可以使用这种运输方式。它的优势是可以降低成本；服务选项多；承运商提供提单编号，方便查询货物动态。

2. FBA、商业地址、三方海外仓

（1）FBA 卡派流程如图 9-3 所示。

图 9-3　FBA 卡派流程

（2）亚马逊预约界面如图 9-4 所示。

图 9-4　亚马逊预约界面

预约界面中的英文单词释义如下：

a. Destination FC：亚马逊仓库代码。

b. Freight Type：货运类型。

c. Load Type：负载类型。

d. Is Freight Clampable：货物是否可夹紧。

e. Trailer Number：拖车号。

f. Carrier Requested Delivery Date：承运人要求的交货时间。

（3）商业地址、三方海外仓。货物送到商业地址，需要考虑以下影响派送形式及派送费用的因素：

a. 收货人地址是否有卸货平台。

b. 收货人地址是否允许卡车通行。

c. 收货人的收货时间。

d. 收货人是否需要司机协助卸货。

三方海外交货流程如图 9-5 所示。

图 9-5　三方海外交货流程

关于 FBA 的派送方式，最开始大部分货物均使用快递派送，2021 年 60% 以上的货物均使用卡车派送。对于点对点派送，卡车最优，直接且高效。

四、美国海外仓库内作业流程

（一）SOP 仓库作业流程

SOP 仓库作业流程如图 9-6 所示。

第九章 海外派送情况

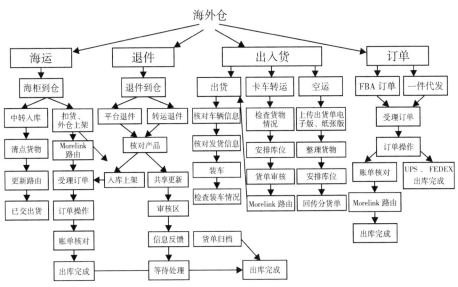

图 9-6 SOP 仓库作业流程

（二）拆柜组流程

1. 拆柜流程

拆柜流程如图 9-7 所示。

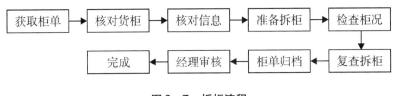

图 9-7 拆柜流程

（1）获取柜单：获取拆柜单后，检查拆柜单备注，备注不清晰的地方需及时与出单人沟通清楚。

（2）核对货柜：核对柜号是否与柜单一致。

（3）核对信息：详细检查拆柜单中的体积和重量是否存在问题，并安排合适的库位给拆柜人员。

（4）准备拆柜：按照出货信息安排库位，安排合适的人员拆柜，并告知拆柜人员该柜客户要求。

（5）检查柜况：检查柜内是否有破损或者与柜单不符的货物，检查结果在柜单备注清楚并告知客服。完成拆柜后，拿柜单复查库位里面的货物情况，检查打板情况。

（6）复查拆柜：完成拆柜后，拿到柜单需要做复查工作。检查打板是否合格，不合格要挑出来重新打板。检查库位的板数与信息是否一致，避免放错库位，确保板数准确。

（7）柜单归档：柜单一式三份，仓库、办公室、财务各一份。

（8）经理审核：记录完毕后将发货单交经理审核。

2. 拆柜要求

（1）保证拆柜的正确率和效率，遇到与柜单上不符合的货物需及时与经理及办公室沟通。

（2）保证货柜内货物完好，损坏的货物外包装需及时修复，损坏的标识需扣货交经理及办公室处理。

（3）保证货物库位码放的正确率，并保证码放货物时不要靠墙，进入库位时不要碰到其他货物。

（4）保证暂留扣仓的货物有明确的标签（柜号和板数）。

3. 打板要求

（1）卡派要求：不超过1500磅的情况下高度为90～104 cm。

（2）缠膜厚度为每个部位3层，且有绷紧的力量，使板上的货不会晃动。

（3）对于不超规格的货物应严格限制在板内，不能超出板的边界，如有超规货物另行商议。

（三）出入货流程

1. 发货流程

发货流程如图9-8所示。

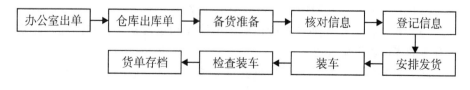

图9-8 发货流程

（1）办公室出单：办公室将电子版出库单发到仓库群里。

（2）仓库出库单：仓库将收到的电子版出库单打印出来。

（3）备货准备：主管需要提前备货，检查该库位板数及货物信息是否准确，是否需要改板加高加固。

（4）核对信息：主管核对发货车辆信息是否同发货单一致，主要核对P.C（提货）号码。

（5）登记信息：主管负责登记提货司机信息（ID、电话、Seal 号），并填写在出货单上。

（6）安排发货：主管把出货单分配给出货员，说明备货时发现的问题，由出货员完成剩余的工作。

（7）装车：装车时需细致，严禁发生叉坏货物及装错货物，在统计表上更新装车的板数（要求每进一板记录板数和库位），同时要求货物贴紧。根据板数，按如图9-9所示的方式装车。

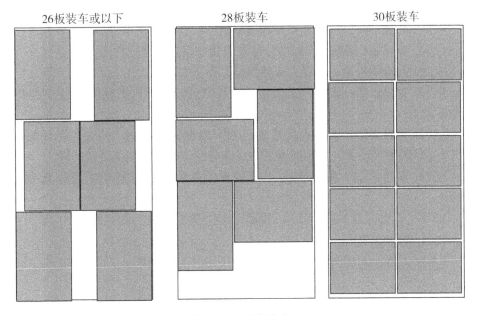

图9-9 装车方式

（8）检查装车：装完车后检查是否会出现倒板，向司机拿绑带固定货物，确定货物安全后，更正发货单的数量、库位，记录 Seal 号，发货单给司机确定签名，照相发群留底。

（9）货单存档：将发货单信息记录在电脑里，以便查找货物信息。

2. 收货流程

收货流程如图 9-10 所示。

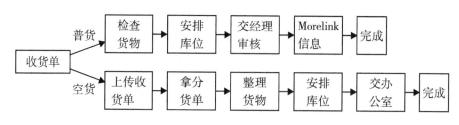

图 9-10 收货流程

（1）收货单：核对收货单信息（如地址、公司）是否正确。

（2）检查货物：检查收货单货物板数、数量是否一致，如有货物破损要拍照留底，询问办公室人员是否收货。

（3）安排库位：货物检查正确后，安排库位并在收货单上注明。

（4）经理审核：将发货单交经理审核。

（5）Morelink 信息：交回办公室录入货物信息，登记费用。

（6）上传收货单：上传空运单到群，备注板数。

（7）拿分货单：去办公室向出单同事拿拆货单，询问具体的拆货要求及细节。

（8）整理货物：安排人员整理货物。如有货物破损、快递单不清晰、FBA 号不清晰等情况，要拍照留底并交办公室，由换标同事负责处理。

（9）安排库位：货物检查正确后安排库位并在拆货单上注明板数、库位。

（10）交办公室：将拆货单交回办公室，并告知货物的状况。

3. 盘点流程

盘点流程如图 9-11 所示。

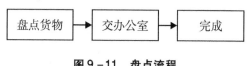

图 9-11 盘点流程

（1）盘点货物：每天盘点仓库货物信息及板数。

（2）交办公室：将盘点货物清单交办公室同事后复印 2 份（拆柜同事

1份）留底。

（四）收货组流程

1. 每日工作流程

（1）检查邮件，处理微信留言。按紧急程度安排当天工作。有办公室找件的及时回复，完成交代事宜。下班前与国内同事对接，提出需求或记录需要配合国内同事的相关事宜。

（2）按紧急情况完成领导交代的事宜。

（3）查看柜单是否有新拆上架的货物、退货，规范并完成。

（4）检查系统使用情况，随时记录并沟通。

（5）查看库位内情况，规范库位货物。

（6）定期检查库位的空托盘及卫生情况。

（7）配合其他部门或同事，尽可能第一时间完成协作。

（8）有快递 UPS/USPS/FEDEX 的退货，记录到共享退货表上，并通知办公室。已经安排好的货物，贴标签并发走。

（9）定期、不定期盘点。

2. 工作流程

工作流程如图 9-12 所示。

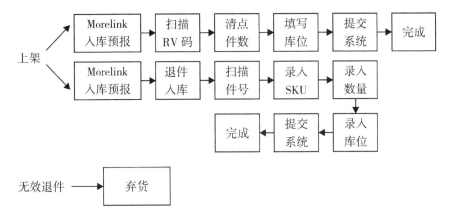

图 9-12 工作流程

（1）海柜上架的完成：查看订单号 RV 码，找出对应的数据。打印表格点数、上货架、记录完成。提交系统上架，经检验后即完成。

（2）退件上架：有效退件的收货，扫描件号、SKU、数量、库位提交系统，经检验后即完成。

（3）无效退件，弃货。

（4）查找客户的快递退货，收到快递对应快件号做比对，并做好记录。

（5）查找易碎品货，查外观、听声音，好的产品上架，如有破损开箱的，拍照后弃货。

（五）还柜中转组流程

1. 中转流程

（1）中转操作订单。仔细阅读客户要求，一定要按照客户指令操作。

（2）核对货物。核对货物摆放的库位、板数、箱数、箱唛号，没有箱唛号的以 FBA 号为准，确认无误后，再进行此票操作。

（3）进行操作。如快递派送，需要在每箱上粘贴快递标签，快递标签包括 UPS 标签和 FEDEX 标签；如卡车派送，需要确认好箱唛号或 S/O 号，如果箱子上没有箱唛号或者 S/O 号，需核对箱子上 FBA 的号。切记确认是此票货物，如不确定，需及时跟负责人沟通以免此票货物错发、漏发，造成赔偿的后果。

（4）操作流程。快递：直接粘贴快递标签，一箱一张；若客户提出需要拣货发送，则需要操作人员按照客户的要求，挑拣出来货物，再每箱贴一张标签。最后要记录此票操作所产生的费用，信息填写为已发，并记录当天的日期。卡车：如箱子上没有 FBA 标签，可以直接把 FBA 标签贴在外箱上，一箱一张；如箱子上有 FBA 的标签，看客户要求是否需要更换，若需要更换，则把新的覆盖在原有的旧的 FBA 标签上，完成后要记录费用。若需要拣货，则收取拣货费、重新打板费，并记录操作完成的日期和库位。

（5）审核。操作完成的订单要送回到中转负责人手中，需审核订单没有任何错误。

（6）完成操作。完成操作后清理地面的卫生，保持地面干净、整洁，挪动的货物需放回原库位。

（7）账单核对。参照最新报价表进行对账。

（8）回传客户。操作完成的账单要第一时间回传给客户，核实每一笔费用。

（9）更新系统。操作完成后需以自建单的模式更新系统、路由，修改仓库代码、shipment ID、Ref ID、库位、板数、派送方式。

2. 扣货操作

扣货操作如图 9-13 所示。

图 9-13 扣货操作

（1）查收扣货订单：查收办公室发来的邮件，仔细阅读需要解除放行的扣货的箱唛号、库位、板数。扣货放行的操作要求是多样化的，一定要仔细根据要求来操作。

（2）核实扣货订单：找到扣货所在的库位，清点箱数是否与客户所要求的箱数吻合，核对箱唛号。如果没有箱唛号，需要核对 FBA 号以确保货物准确。

（3）操作扣货订单：如卡车派送，需要更换 FBA 标签，即要在原有的 FBA 标签上覆盖新的 FBA 标签；如快递派送，需要在每箱的空白位置贴上 UPS 或 FEDEX 标签，切记不要覆盖其他标签。

（4）摆放库位：卡车派送的货物需要按照目的地归放库位，必须是同一目的地；快递派送的货物需要摆放在指定的位置，方便发货组能准确、快速地把快递货物装车。

（5）填写操作费用：操作完成的订单需要用 Excel 表格记录每一票、每一笔的操作费用，记录完之后需把记录的费用回传给办公室同事。

（6）完成扣货操作：办公室的同事核对操作费用准确无误后，此订单完成。

3. 卫生要求

（1）库位卫生：操作完成后需要把库位里的过道清扫干净，以免垃圾越堆越多，地面清扫干净之后再把没有操作的货物摆放回原库位。

（2）公共卫生：每天要清扫公共区域的卫生，保持公共区域干净整洁，道路畅通。

4. 盘点货物

（1）中转盘点：每天要及时更新中转货物的入仓和出仓数量，每周五下班前要整体、细致地盘点出仓库里中转货物的板数、箱唛号，以及库位。

(2) 扣货盘点：每周五下班前要盘点出仓库里的扣货板数，要清楚地知道每一板扣货在仓库存放的时间，并及时跟办公室沟通，尽快把时间久的扣货派送出仓。

（六）一件代发和 FBA 订单组流程

1. 一件代发流程

（1）打开电脑登入 Morelink（WMS 海外仓）系统。
（2）点击一件代发列表，查看待打印订单，核实订单数量。
（3）点击下载订单标签，下载成功后按顺序打印标签，打印完成后核对标签数量是否与系统一致。
（4）将打印好的标签进行分类，分类后交给贴标人员进行操作。
（5）生成订单后及时更新系统状态并在 Excel 表格中对应做好费用记录。

以上操作建议在 2 小时内完成。

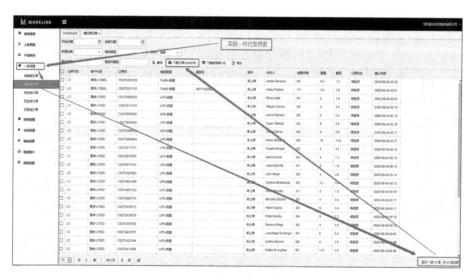

图 9-14　一件代发操作

2. FBA 订单流程

（1）打开电脑登入 Morelink（WMS 海外仓）系统。
（2）点击转运管理列表，查看待装箱转运，核实 FBA 订单。

（3）选择订单，单击鼠标右键，点击下载转运申请表进行打印，然后按照表格上的库位进行抓货。

（4）抓好的货物放到操作区域内。

（5）选择订单，单击鼠标右键，点击下载标签文件和箱贴文件，仔细阅读订单操作内容。

（6）把货物和打印好的标签转交给操作员工，并与员工沟通好操作内容，避免发生错误。

（7）完成订单装箱后把装箱数据上传系统（选择订单，单击鼠标右键，点击提交装箱结果）。

（8）等待客户上传标签（如已有标签可直接进行发货）。

（9）出货后在系统上录入操作费用（点击待扣费，选择订单，单击鼠标右键，点击查看并扣费）。

（10）完成后及时更新发货状态并在 Excel 表格中做好对应费用记录。

以上操作建议在 2 小时内完成。

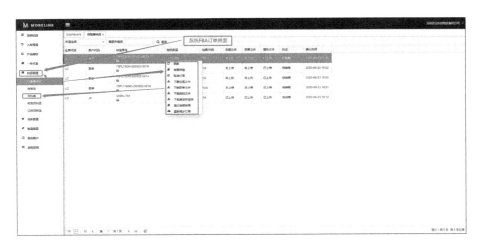

图 9-15　转运管理操作

3. 其他操作流程

（1）打开电脑登入企业邮箱。

a. 查看邮件，仔细阅读邮件内容并打印邮件。

b. 按照邮件内容要求进行操作，如有不清晰的地方应及时与国内团队沟通，避免影响操作时效。

c. 回复邮件，给出解决时间。

d. 操作完成后将操作费用清晰地写在打印的单子上并交予经理，然后在 Excel 表格中做好费用记录。

　　e. 回复邮件，操作完成。

　（2）打开电脑登入企业微信。

　　a. 查看企业微信中与国内团队沟通的内容，整理思路。

　　b. 有顺序、有条理地处理企业微信中提到的问题。

　　c. 解决问题后在企业微信上回复解决结果。

　　d. 把新遇到的问题做好记录并有顺序地在企业微信中反馈给国内团队进行处理。

　（3）半成品（BCP）添加配件业务。

　　a. 查收产品，与中转部门核对好收货数量。

　　b. 整理货物，把需要装配件的货物和正常的货物区分开。

　　c. 把正常货物交给上架部门进行上架，把半成品货物放到指定区域，然后与员工沟通进行装配件操作。

　　d. 装好配件后把操作费用清晰地写在操作单上并交予经理，然后在 Excel 表格中做好费用记录。

　　e. 把装好配件的货物交给上架部门进行正常上架。

　　操作 c.～e. 建议在 3 小时内完成。

　（4）检查。

　　a. 每日对系统进行检查，检查是否存在漏单、漏发的情况，系统状态是否实时更新。

　　b. 每日要对仓库进行检查，检查仓库是否存有该发而没发的货物，保证订单及时发出。

　　c. 每日要检查操作区域卫生，保持工作环境整洁，每日下班前半小时让员工停止工作进行卫生清洁。

　　d. 检查卡派发货情况，如有卡派长时间没有发出，要及时与办公室进行沟通，确认货物情况。

　（5）解答问题。

　　a. 耐心地解答员工在操作过程中遇到的任何问题。

　　b. 解答不了的问题应及时向仓库经理反馈情况。

　（6）与国内团队对接。

　　a. 下班后与国内团队在企业微信上进行对接，解答相关问题。

　　b. 能够独立自主地在使用企业微信沟通时给出解决方案。

　　c. 解决不了的问题及时做好记录，第二天与仓库经理进行商讨。

第十章 收款与结算

一、如何选择跨境电商物流收款方式

跨境电商物流是怎么收钱的？这是很多卖家非常关注的事。在跨境电商中，物流和获客成本、支付等各个环节都至关重要。在跨境电商物流的整个服务中，由于涉及综合税的缴纳、资金回流等，所以需要选择好适合自己的收款方式。下面列举常用的方式。

（一）借助第三方平台收款

专为跨境卖家量身打造的第三方跨境支付机构，其特点是注册方式简单，使用起来也很方便，没有银行账户那么麻烦。近年来，崛起的平台有Paypal，在国际上知名度较高，是很多国家客户的付款平台，交易完全在线上完成，适用范围广。其使用与支付宝类似，收付双方必须都是 Paypal 用户，以此形成闭环用户，风险控制好。类似的还有 PINGPONG、连连银通支付、易生支付、连连国际、支付宝、汇付数据服务等第三方平台。

（二）WCA 账户

WCAworldPartnerPay 是业界唯一免费的公司对公司金融交易系统，它能为每个注册公司每年节省数千美元的银行费用。

由 WCAworld 专门为其会员开发的 WCAworldPartnerPay 是一个在线系统，允许会员在世界上任何地方立即支付和收取他们的合作伙伴的钱，非常安全。WCAworldPartnerPay 独特的在线软件，允许成员以一个简单和有效的方式管理和维护他们的账户应付和应收账款，以减轻高昂的银行转账费用从而提高利润率。

（三）开跨境银行账户（实体公司账户）

其又分为美国账户和香港账户。银行开户必须有公司主体才能开立账户，在香港或美国有注册的公司主体，可以通过这个渠道完成收款结算。运营维护公司需要成本，因而这种方式需要有一定的公司基础。

（四）银行电汇

银行电汇款项是较为传统式的交易模式，适合大额的交易结款，是将全部款项直接汇款到银行账户（美国账户、香港账户）的操作。电汇需要卖家在汇入行开户，买家到当地银行按卖家提供的汇款线路汇款。此方式适合已有一定交易规模的用户。

（五）开中国内地对公账户

这类账户适合在中国内地有自己注册公司的用户，其办理比较普及。用营业执照等系列证件可以在银行开通多币种账户，一般涉及人民币、美元、港币等币种。美元公账收款涉及与客户签订往来合同、往来账单，开具往来发票，提供国际报关单、国际提单。

二、跨境电商物流收款流程

不同于国内物流，跨境电商物流距离远、时间长、成本高，不仅如此，中间还涉及目的国清关（办理出关手续）等相关问题。跨境电商物流发展多受跨境电商影响。跨境电商离不开跨境物流，而跨境电商的发展带动了跨境物流的发展。

在电商物流行业，服务的周转时期较长，关联的船公司、航空公司、报关公司、清关公司和客户建立的结算方式都是现结——票结，即服务一笔订单，订单结束后，立即支付费用。结算方式都是按订单一票一票地结清。在订单量过大的情况下，累积过往的付款信用，经过考核，才会有空间协议资格而给到一定的周转结算时间，周转期有半月结，最长的只能是月结。提供完服务后，需结清服务费，否则下一个服务不会如期进行。实行电商物流行业的系统操控卡单，若上一个订单不按约定如期支付，则无法服务下一个

第十章 收款与结算

订单。

同样地，面对客户，约定的收款流程也是一样，环环相扣。新合作的客户在提供完服务后，我们会按照合约的收款制度，发起结算申请，对方履行付款义务，结算物流费用。

三、跨境电商物流和客户结算方式

目前和客户合作结算方式，主要有票结和月结两种。

所谓的票结，按字面意思，即分开一票一票订单地结算。7 天结一次。

所有票结客户，运费和税金费用把控在货到港前出到账单发送客户确认（一般到港前两三天会出税金单，特殊情况除外），查验费用后补账单，要求放行后 3 天内出查验账单给客户确认。

以出账单时间为准，收到账单起 3 天内核对账单是否正确，7 天内安排付款，第 8 天起如未收到水单，系统将会自动锁单，客户再次下单出货会受到影响。

下面介绍 Morelink 系统的锁单功能。当新客户初合作时，在系统自定义设好月结方式，以出账单时间为准，系统每天定时自动搜索计算。当客户延期支付费用时，系统会精准锁定该客户，起到很好的应收账款风险把控作用，以及时收回到期款项。在电商物流行业，由于单量数据过于庞大，光靠人工很难把控，有了 Morelink 系统的锁单功能，大大释放了操作人力，提高操作效率。

月结客户，定义为公司的信用优良客户，结算方式按一个月订单累计汇总结算。月结分为月结 5 天、15 天、25 天、30 天等类型。以出账单时间为准，累计汇总一个月后，5 天、15 天、25 天、30 天内必须提供付款，否则会视情况降为票结客户结算方式。

考虑到资金周转占用成本，目前新合作客户结算方式最长是月结 15 天。

四、跨境电商物流财务结算流程

客服通过实时路由信息，关注客户的货物，在货物到港前以电子账单的形式通知客户，提醒客户按照合同约定的结算方式进行付款结算。以国内账户为例，客户端的使用方法是：财务管理—应付账单查询—确认账单—勾选已确认的订单—提交付款—上传水单—索取发票。一系列线上操作信息智能化地实现，大大提高了财务结算流程效率。

目前我们开具的是增值税电子普通发票。客户线上上传水单，财务进行核查，确认金额、抬头都正确，销账完成之后，客户就可以在客户端点击领取发票了。

根据国家税务总局公告2014年第42号及财税〔2013〕106号附件3第一条第十四项，直接提供国际货物运输代理服务或自2014年9月1日起，试点纳税人通过其他代理人，间接为委托人办理货物的国际运输、从事国际运输的运输工具进出港口、联系安排引航、靠泊、装卸等货物和船舶代理相关业务手续的免征增值税。因此，国际货代符合上述条件的业务可以开具零税率的普通发票。

当前人工智能信息化日益强大，Morelink系统支撑着财务的整个收款结算链，从出账单到财务人员开出电子发票给到客户，所有流程都实现了线上自助操作，完结一系列财务结算流程。

第十一章　跨境电商物流未来发展趋势

以下内容是正在跨境电商物流赛道奔跑的物流人从自身角度出发对未来的一些预判，以期对大家有所帮助。

一、资本的作用

2021年，在跨境物流业传出几个收购案：顺丰收购嘉里物流51.8%股权强化国际物流布局，华贸物流拟5.4亿收购佳成国际70%股份欲打造跨境电商物流龙头，等等。众腾、易仓等也都纷纷完成了第一轮和第二轮的融资。

如今，越来越多的客户形成了网上消费的习惯，使跨境电商得以快速增长。资本方（包括之前不看好跨境物流的传统物流巨头）纷纷把关注度投向了跨境物流的赛道。作为跨境电商物流的头部企业之一，联宇物流也频频被资本方看中，商讨融资方案。对于资本，我们是慎之又慎。

资本方有两种。一种是纯粹的金融投资，他们看中的是你未来上市后的红利，一般不参与经营，但他们会非常关注你的报表，尤其关注你的全年收入。这样的资本方，往往不太看重企业的盈利能力和中长期发展，而是需要你迅速做大流水，加快完成几轮融资后，做上市的冲刺。所以扩大规模、做大流水才是他们的目的，必要的情况下，会通过"烧钱"的方式迅速占领市场。作为一个有情怀的物流人，我们更希望通过自己的努力把企业做得更加有价值，上市只是我们未来发展的助力，而不是终点。

另一种是赋能型的资本方，也是我们所看重的。比如传统物流的巨头们有着多年传统物流积累下来的船公司资源、系统、全球代理网络、仓储设备等，可以极大地提升跨境电商物流企业的即战力，迅速地从单一领域扩展到跨境电商的全生态领域。

总之，2021年资本红流涌入跨境赛道。在整个跨境物流的格局进一步改变的过程中，如何去拥抱资本，将会是每个有志在跨境物流赛道奔跑的企业家的研究课题。

二、科技与智能

在激烈的竞争中,整个行业会朝着 IT 智能化的方向发展。

越来越多的物流企业开始使用 IT 系统,包括 TMS 系统和 WMS 系统。尽管一开始使用的是标准的 SaaS 版本,但随着规模的壮大,不少企业开始组建 IT 团队,开始研发自己的系统。头部的那些大型物流商、仓储商,早已 IT 化。未来,他们会进一步智能化。可能是硬件智能化,比如仓储的智能拣货机器人;也可能是软件智能化,比如根据淡旺季和客户规模进行智能定价。

联宇物流自 2015 年进入跨境赛道以来,一直坚持开发自营跨境电商系统,目前已打通跨境物流的国内集货和国外配送段,并在国内仓和国外仓之间架起了互联的桥梁,全自动、可视化物流系统给到客户更安心、更稳定的服务体感。目前国内仓已经上线了自动分拣设备,待使用成熟后,也会延伸至海外仓,真正做到全智能化管理。

三、全产业链解决方案

将来的跨境物流企业不仅专注于跨境物流这个单一赛道,还会将触角延伸到跨境出口的每一个环节:供应链金融、跨境电商报关线上化、头程收货网络化、拖车资源管理、跨境企业的税务合法化、正规结汇、保险等方方面面。只有提供全产业链解决方案的物流企业,才能跟客户深度绑定,创造客户的终身价值。

四、海外资源是核心竞争力

在未来的跨境物流赛道上,海外资源会成为核心的竞争力。其中,海外仓就是最重要的资源。未来的海外仓将呈现出四个特点:全球化、差异化、网络化、智能化。

(一)全球化

一是全球范围内海外仓面积持续迅猛增长,2020 年的建仓、扩仓潮在 2021 年延续。根据 CBRE 研究,电商销售额每增加 10 亿美元,将产生约

12万平方米的仓库租赁需求。

二是海外仓从传统热门的欧美国家市场，走向东南亚、南美洲等新兴国家和地区，仓储网络布局全球化。联宇物流也从2020年开始，布局和完善自己的日本海外仓和墨西哥海外仓。

（二）差异化

第一代差异化是大件仓。大件包裹比例在2019年达到60%，平均重量从2016年的800克涨到2018年的近1500克，卖家可以经营更重的商品，获取经营优势，同时甩开更多竞争对手。

第二代差异化是专业仓，它正在迅速扩展。随着更多工厂和贸易型品牌商进入跨境电商行业，客户需求也从简单的仓配和转运业务发展为更具多元化、专业化的线上线下B2B配送、分拨、产品安装、维修、供应链金融等综合型服务。海外仓将协助卖家实现差异化的物流供应链规划，提供定制化服务，以专业品类个性服务参与到商品价值链的分工中去。

未来将出现如小家电仓、家具仓、汽配仓、工具仓等细分领域的专业仓。要加快升级配套相关增值服务，增强卖家出海竞争力。联宇物流的现有海外仓主要专注于大货中转的快进快出仓。

（三）网络化

电商企业的仓储布局与人口的地区分布高度一致。例如，在美国东部、南部、西部进行三仓布局的海外仓，可以帮助卖家降低物流费用，同时提高物流时效，一减一增，意义重大。进入网络化时代就意味着进入了服务时代，而不再是单纯比拼价格的时代。随着电商发展，海外仓面积也将不断增加，未来仓储网络将进入分级网络化布局，形成多级的网络体系，更加贴近消费者。

联宇物流于2021年6月前开设自己的芝加哥仓和纽约仓，并在一年内完成在美国4～5个仓的布局。

（四）智能化

对于海外仓企业来说，随着海外仓规模的不断扩大，随之而来的大量员工成本逐渐成为企业的不可承受之重，而技术的投入资金相比于越来越大的企业规模显得愈发可以承受。技术资金的投入有助于扩张建仓的标准化程度,减少对团队规模的管理瓶颈的制约。

当跨境电商订单量达到日均百万、千万级别时,势必要进行库内智能化改造,大规模采购出口设备,同时引入人工智能数据平台的支撑。届时,物流公司或者海外仓公司,将变成披着物流外衣的科技公司。5G时代到来之后,相信会有更多物联网设备、直升机、机器人投入使用,这时海外仓企业将会变成披着科技外衣的科技资产管理公司。

科技破局、科技赋能、科技驱动,海外仓企业需要加大智能化投入,逐步推动经营向纵深发展,而不是简简单单停留在仓库搬运工的角色。